COLLECTION POÉSIE

DAVID HERBERT LAWRENCE

Poèmes

Choix traduit et présenté par
Lorand Gaspar et Sarah Clair

ÉDITION BILINGUE

nrf

GALLIMARD

Les traducteurs remercient le professeur Roger Little, de Trinity College (Dublin), pour sa relecture et ses conseils amicaux.

Une partie de ces traductions a été publiée dans une version différente aux Éditions Obsidiane en 1985.

PRÉFACE

Je dois commencer par un aveu : je ne connais de Lawrence que cette part souvent négligée, voire ignorée, de son œuvre, la poésie. De sa prose j'ai lu avec plaisir quelques nouvelles (et en relis de temps en temps) et les délicieuses Promenades étrusques. *Ses poèmes font partie de ceux que je garde à portée de la main.*

Je me demande rarement ce qui dans une œuvre poétique fait que par-delà ce qu'on pourrait appeler une heureuse rencontre je la relis pour y tracer des pistes, choisir des haltes, l'approfondir. Je sais simplement qu'elle m'apporte une nourriture sensible et intelligible, une fraîcheur et une vivacité cueillies à même les mouvements humains quotidiens dans le monde, qui me renvoient sans doute aux miens et les éclairent parfois.

Marqué par les blessures d'une enfance difficile, désigné plus tard comme coupable (une fois de plus) par la société, touché durant les six dernières années de son existence chahutée par la maladie qui l'emportera dans sa quarante-quatrième année, David Herbert Lawrence croit à la vie — individuelle et universelle — et désire mettre toutes ses aptitudes au service de cette foi qui est d'abord un grand désir d'être aimé et d'aimer.

J'aime que Lawrence ne se pose pas de problème d'écriture. Il écrit comme il vit : avec un amour passionné pour tout ce qui peut l'ouvrir, l'aider à découvrir, à expérimenter, à comprendre et à communiquer le plus amplement et le plus fidèlement possible l'expérience d'être là, joie et peine, étonnement et fatigue. Rien ne peut séparer l'acte d'écrire, les images, le chant et les pensées qu'il porte, de son expérience charnelle d'exister. Assurément, la langue propre à chacun de nous, élaborée à partir d'un patrimoine commun, peut, selon les circonstances données et selon l'aptitude que nous avons d'accéder à une source en nous et dans tout ce qui nous entoure, charrier plus ou moins de la puissance native de notre part du vivant. Si Dieu, semble dire Lawrence, nous a donné l'aptitude d'une parole capable d'exprimer et de communiquer (à quelques-uns du moins) ce qu'il y a en notre vie de sensible et d'intelligible, servons-nous-en de façon à ouvrir, à augmenter en nous les forces claires du vivant au lieu de les étouffer et de les nier.

Après une phase initiale de lutte pour rompre l'isolement et réhabiliter le corps à corps des sexes par la réussite d'une première et capitale expérience de la conjonction des forces à la fois opposées et complémentaires, le désir de vivre de Lawrence s'exprime dans une ambition sans bornes de conciliation et d'intégration de tout ce qui est vie et déploiement de la vie, mais aussi, pour notre expérience d'êtres finis, destruction, décomposition, corruption, à l'intérieur d'une Vie qui les déborde et les enveloppe.

En 1913, le jeune poète, dont les publications commencent à être connues dans les milieux littéraires, répond au critique Edward Marsh bien connu à l'époque qui lui faisait des reproches à propos du rythme de certains de ses poèmes : « Je pense, figurez-vous, que mes rythmes s'accordent très bien à mes humeurs dans le vers. Et si mon humeur est détraquée, le rythme l'est aussi. J'ai toujours essayé de saisir une émotion dans son propre mouvement, sans l'altérer. Cela demande l'instinct le plus subtil qu'on puisse imaginer, plus subtil encore que celui d'un artisan habile. »

Lawrence découvre Freud, et s'initie à son œuvre — sans doute un peu superficiellement, c'est du moins l'impression qu'on retire de la lecture de ses essais sur l'inconscient — après la guerre de 14-18. Il pense que Freud est un chercheur estimable, mais prisonnier du milieu médical, de sa science, qui lui interdisent d'appréhender les totalités divisées et combatives que l'écrivain et le poète perçoivent dans le monde et cherchent à concilier.

« Car la fin, le but est le perfectionnement de chaque individualité, unique en soi — qui ne peut se produire sans une harmonie rendue parfaite entre les cœurs, une harmonie qui dépend de la singularité irréductible, enfin comprise, de chaque être, singularité équilibrée, polarisée en l'un par le contrepoids de l'autre[1]*. »*

On trouve dans ces essais toute une théorie mythopoétique de la neuro-psycho-physiologie de l'organisme humain, de la naissance et du déploiement de l'individualité depuis notre sortie de la matrice. Si les noms anatomiques, souvent assez vagues, sont empruntés aux anatomistes d'Occident, les fonctions de ces « ganglions » se rapprochent plutôt de celles des chakras des traités du Hatha Yoga. Or toute cette mytho-psycho-physiologie est conçue avec la ferme volonté d'exclure le rôle du cerveau et de la raison dans tout ce qui pour Lawrence apparaît comme « vital » dans l'existence humaine et dans l'existence tout court. La cérébralité et la raison à ses yeux corrompent ou dessèchent le vivant ; ce qui compte c'est la « pulsion vitale » qui vient de plus loin, qui est un « courant », une dynamique primordiale. La diversité, la multitude des formes et des mouvements puise son être dans la réalité substantielle. Il est assez intéressant de noter qu'au XVIIe *siècle la substance conçue avec tant de vigueur par Baruch de Spinoza comme une réalité qui épuise la totalité de l'être, et dont on peut dire qu'elle est la source de toute vie, de toute existence (dans les* Pensées métaphysiques *Spinoza dit bien que Dieu est vie, alors que les choses ont la vie), ne peut être conçue que par l'entendement capable de transcender l'imagination.*

Lawrence n'est jamais allé en Inde, et ne semble pas non plus

1. « Psychanalyse et inconscient », in *Homme d'abord*, essais choisis et présentés par Marcel Marnat, trad. Thérèse Aubray, 10/18, 1968, p. 241.

s'être intéressé aux diverses spiritualités de l'Orient, en revanche nous savons qu'il avait trouvé chez les philosophes présocratiques des idées et des manières de voir le monde qui lui allaient droit au cœur[1].

Ce qu'il ressent avec tant de force en 1927, trois ans avant sa mort, en découvrant les tombeaux étrusques et leur contenu, est une sorte de certitude : la civilisation qui a produit ces peintures et ces objets ne peut être qu'une de celles ayant réussi à mettre en pratique dans leur vie quotidienne, dans leur façon de concevoir ou de percevoir la vie et la mort, les rapports intimes, spontanés de l'homme avec la ou les puissances cosmiques, l'adhésion totale au flux du vivant, l'intégration de l'existence humaine, de toute existence dans une totalité sans limites. Leur danse, par exemple, qu'il perçoit sur les peintures des tombeaux, comme dans la fraîcheur inexplicable d'un instant éternel, « surgit du dedans, comme les courants de la mer. C'est comme si un fluide, venu d'une autre et vigoureuse vie, les parcourait, bien différent du pâle fluide d'aujourd'hui. Comme si leur vitalité provenait d'une profondeur qui nous est refusée ». Et qu'est-ce qui a pu détruire tant de vigueur, arrêter la source de tant d'immédiateté et de clarté légère ? Les Romains, bien sûr, « l'arrogance et la vanité propres aux Romains, cette puissance forcément entachée de morale et qui recouvre une laideur intérieure, doivent détruire la floraison naturelle de la vie ». Et cette « floraison naturelle », si simple à dire, ne peut pas exister, pense Lawrence, sans une longue expérience, scellée par une concertation, une organisation : « Au fond de l'ardeur étrusque, il y avait une religion de la vie dont les chefs étaient responsables. Derrière toutes ces danses il y avait une vision et même une science de la vie, une conception de l'univers et de la place de l'homme dans cet univers, qui les faisait vivre au plus profond d'eux-mêmes[2]. »

1. Lawrence les avait approchés à travers John Burnet, dont le livre intitulé *Early Greek Philosophy* a été pendant longtemps une de ses lectures favorites.

2. *Promenades étrusques*, trad. Thérèse Aubray, Gallimard, 1949.

Je ne voyage jamais sur ces routes qui montent et qui descendent en Toscane où chaque nouvelle ligne d'horizon est marquée par une rangée de cyprès, sans me réciter intérieurement des passages de ce poème dédié à ces gardiens silencieux parmi nous de l'art de vivre, de la compréhension mystérieuse de ce peuple disparu.

Repliés comme une sombre pensée,
Pour laquelle le langage est perdu,
Cyprès toscans,
Y a-t-il un grand secret ?
Nos mots sont-ils insuffisants ?
[...]
Car, ô, je sais que, dans cette poussière où nous avons enterré
Les races réduites au silence et toutes leurs abominations,
Nous avons enterré tant de délicate magie de la vie.

Là-bas dans les profondeurs
Qui barattent l'encens et distillent la myrrhe,
Cyprès ombreux,
Un tel arôme de vie humaine perdue !
[...]
Le mal, qu'est-ce que le mal ?
Il y a un seul mal, celui qui renie la vie
Comme Rome renia l'Étrurie
Et comme la mécanique Amérique, maintenant encore renie
Montezuma.

Au reproche de Virginia Woolf — adressé globalement à la phrase du romancier, mais la démarche de Lawrence poète reste la même — de n'avoir jamais eu le souci de choisir ses mots soit pour leur beauté propre, soit pour l'impact qu'ils pouvaient avoir sur l'ensemble de la phrase, Lawrence a répondu d'avance dans une lettre adressée au critique Edward Marsh (1913) où il exprime avec beaucoup d'assurance son ambition de poète : faire apparaître le plus fidèlement possible le mouvement d'une émotion. Pour y arriver, il faut disposer, dit-il, d'un instinct plus délicat que celui du poète-artisan.

Dans sa préface à New Poems *en 1919 — il a trente-quatre ans — Lawrence constate que la poésie qu'il fréquente dans les livres, la poésie qu'il connaît, celle dont il se nourrit, s'enracine soit dans le passé, soit dans l'avenir de l'humanité. « Moments passés, conduits à la perfection, moments parfaits dans l'avenir miroitant. » Or, ce que sa constitution, on pourrait dire biologique, et surtout toute son expérience de vivant réclament c'est une poésie faite avec les fibres mêmes du présent immédiat, où rien n'est jamais achevé, parfait. « Les fils courent, frémissent, s'entremêlent dans le tissage... », « le plasma vivant », qui jamais n'arrête son déploiement, ne produit pas de joyaux finement ciselés, arrêtés pour toujours, comme le sont les poèmes de Shelley ou de Keats. La perfection d'une rose est jaillissement de flamme à son midi qui s'ouvre et s'écoule. Un nénuphar noue sa chair blanche à partir de fils rapides et intenses du courant, éblouit le jour et disparaît.*

« Nous avons vu l'incarnation, la chair vive du flot toujours tourbillonnant, nous avons vu l'invisible. Nous avons vu, nous avons touché, nous avons participé à la substance même du changement créateur, de la mutation créatrice. »

Lawrence est intimement convaincu que ce qui est vivant en lui, en toute chose, fait partie de l'intensité créatrice en acte dans le Cosmos. Et pour épouser le plus profondément possible ce mouvement toujours naissant, il faut renoncer à tout ce qui est fixe, assis, statique. Il veut « le calme, le blanc bouillonnement, l'incandescence et la froideur du moment incarné : le moment, la chair vive de tout changement, de toute hâte et de toute opposition : le moment, le présent immédiat, le Maintenant ». L'instant, voilà ce qui reste, selon lui, à explorer, l'immédiat. « Le vif de tout temps est l'instant. »

Il doit y avoir, se dit-il, « une association rapide et momentanée de choses qui se rencontrent et qui continuent dans le voyage à jamais incalculable de la création. Toute chose laissée en sa relation propre, rapide et fluide avec le reste des choses ». Le poète Lawrence cherche le battement nu surgissant du moment instantané. Son poème veut être « l'instant, le vif, la source toute jaillissante de tout ce qui est à venir, de tout ce qui a été ». Dans l'essai Les femmes changent-elles ?, *je note : « La vie n'a pas de sens, elle s'écoule, et c'est ce flux même qui importe. »*

Je retrouve cette opposition entre les « joyaux fixes » et le désir d'accueillir « le flot toujours tourbillonnant », dans son dernier texte de méditation sur la poésie[1]. *Hommes, bêtes et fleurs, dit-il, tous nous vivons dans les remous éternels d'un chaos sans bornes. Et la part de ce remous à laquelle nous nous sommes accoutumés, nous l'appelons cosmos. Or l'homme, contrairement aux animaux, ne peut pas vivre dans le chaos : il se réfugie derrière des formes construites, fixes en apparence, maisons ou échafaudages de son cerveau. Il parade sous un grand parapluie dont l'intérieur est tout décoré de manière à ne plus percevoir la tourmente. Légué à sa descendance, le parapluie devient dôme et voûte peinte. De temps à autre un poète ouvre une fente dans le parapluie et le chaos entraperçu produit une vision. Et les hommes n'auront de cesse qu'ils n'aient comblé la fissure et transformé la vision en image conventionnelle. C'est ainsi que des grands vents captés par Homère, Leonardo, Shakespeare et Beethoven il ne reste avec le temps qu'un peu de plâtre peint sur nos plafonds. Il arrive un moment où l'épaisseur, la résistance de nos replâtrages successifs devient telle qu'il n'y a plus moyen d'y ouvrir la moindre lézarde. Ainsi le parapluie devient-il absolu, jusqu'au jour où des tempêtes effroyables viennent mettre en charpie le parapluie et réduisent la plus grande*

1. Il s'agit d'une partie de la préface à *Chariot of the Sun* de Harry Crosby (Paris, 1931), publiée sous le titre de « Chaos in Poetry » en décembre 1929 dans *Exchanges*.

partie de l'humanité à l'oubli. Parfois, dans cette tourmente sans fond ni loi, les poètes révèlent les plus profondes pulsions de l'homme, son désir et sa peur du chaos. Ce désir, pour Lawrence, est le souffle même de toute poésie, tandis que la peur du chaos se montre dans la parade des formes et des techniques. Celles-ci ne sont que bulles de sons et d'images qui très vite éclatent dans le vent du souffle poétique véritable.

Je dois faire une remarque à propos de cette ambition de rendre ses émotions dans leur mouvement propre, originel, et de la fameuse spontanéité tant appréciée ou vantée chez beaucoup de poètes contemporains et chez Lawrence en particulier. Quoi que puisse signifier exactement rendre le mouvement d'une émotion (sans l'altérer) et si le langage nous permet d'y parvenir, je ne peux pas croire qu'on puisse faire naître *chez certains lecteurs (et jamais un art ne peut y parvenir d'une manière totalement universelle) aucune émotion, aucun sentiment, sans avoir « travaillé », à l'aide du langage et de la réflexion, à l'élucidation de ceux qu'on éprouve ; et n'oublions pas qu'un langage est toujours inscrit dans une culture. Nous savons par Frieda Lawrence que son mari reprenait inlassablement ses poèmes*[1] *; les différentes versions fréquentes d'un même poème, sans parler des développements différents d'un même thème, attestent suffisamment l'importance de ce travail d'élaboration. Le problème de la spontanéité en art c'est un peu comme l'idée que la plupart se font de la liberté, pensant qu'être libre c'est pouvoir faire n'importe quoi, n'importe où et n'importe quand.*

Une des cibles privilégiées de son ire de prophète dans l'exercice duquel il ne se départit presque jamais de son humour, celui-ci dût-il tourner souvent à l'ironie, est la civilisation industrielle, ses « dark satanic mills », comme appelait Blake nos usines, tout ce monde de calculs d'intérêts, d'exploitation et d'aliénation de l'homme par un

1. Dans l'introduction à *Fire and other poems*.

travail mécanique où la main et tous les sens du corps et de l'âme sont asservis. (Il faut se rappeler que Lawrence est fils de mineur et que les Pansies *[Pensées] où se manifeste particulièrement cette veine datent de la fin des années vingt, période particulièrement dure sur le plan économique en Europe.)*

Le salaire du travail est en cash.
Le salaire du cash c'est vouloir plus de cash.
Le salaire de vouloir plus de cash est compétition vicieuse.
Le salaire de la compétition vicieuse c'est le monde où nous vivons.
[...]

Vivre sur votre salaire c'est errer grandiosement hors la prison
terrifié par la crainte d'y entrer. Et comme presque chaque parcelle de terre
est couverte de travail-prison, vous errez dans tous les sens
sur une ronde étroite, pareille à celle de la promenade du prisonnier.

On appelle cela liberté universelle.

Quant à la Prière moderne, elle est aussi brève qu'éloquente.

Tout-puissant Mammon, rends-moi riche !
Rends-moi riche, très vite et sans problème
dans ma belle prospérité ! Et pousse dans le trou
Mammon, puissant fils de pute, ceux qui me gênent !

Lawrence partage sans doute les idées de Gandhi sur le travail manuel, mais il n'est pas Rousseau, ni même Melville, qui « voulait revenir aux sauvages ». En dépit de ses critiques violentes il garde un certain optimisme concernant l'évolution de l'humanité : « Si fausses, si corrompues que soient nos formes et nos coutumes, nous n'avons cessé d'avancer sur une route qui demeure favorable au développement de la vie[1]. »

Une idée-image qui forme comme un arrière-pays : nous venons du noir et nous devons monter vers la lumière...

Dans Trois nouvelles, *en partant de certaines constatations de la physique contemporaine (la lumière du soleil a besoin de particules de matière pour se réfracter), il développe une théorie, rejoignant une conception mystique très ancienne, selon laquelle la lumière originelle serait noire, la blancheur n'apparaissant que par cette rencontre avec la matière : « Il n'y aurait pas de lumière, s'il n'y avait pas de réfraction, pas de particules de poussière et de matière pour rendre visible le feu obscur... »*

La religion de Lawrence est aussi personnelle que sa physique et sa physiologie. Je ne pense pas qu'il soit exagéré de dire qu'elle s'enracine dans la puissance de la pulsion sexuelle — mais la libido ne fait-elle pas partie de notre simple et encore plus central désir de vivre, et de vivre aussi bien que possible, selon nos aptitudes et les circonstances données ?

Lawrence a comme Blake le sens de son appartenance divine ; il ressent sa vie organiquement liée à la vie du Cosmos, et la vie est la même partout, elle est une et indivisible. La proximité, la familiarité des bêtes découle du fait que celles-ci ont gardé plus présente cette part en elles du divin que les hommes.

Le modèle, et peut-être la racine, de tous les conflits humains se trouvent pour Lawrence dans les relations sexuelles. Il y a là, pour le moins, un rapport de force, souvent une épreuve de force, enfin et peut-être une occasion de prise de conscience d'un amour plus ample.

1. Commentaire de *Taïpi*, de Melville, dans *Études sur la littérature classique américaine.*

L'argument de Look ! We Have Come Through ! *(1917) constate : « Entre l'homme et la femme, comme dans le monde qui les entoure, le conflit de l'amour et de la haine se poursuit, jusqu'au moment de parvenir à une sorte de dépassement dans un état de béatitude. » L'amour inséparable de la sexualité est certes proposé comme une thérapeutique de la maladie de l'isolement dont souffre l'homme (en tout cas Lawrence jeune), et cette guérison, cela devient de plus en plus clair à ses yeux avec le temps, ne peut avoir lieu que si nous sommes capables d'élever la sexualité à la hauteur du sacré, en réintégrant cette force qui constitue la racine principale de notre vie instinctive, dans une totalité cosmique divine. Notons en passant que cette insertion, pour Lawrence, signifie en premier lieu une reconstitution de notre communauté de vivants avec les bêtes qui n'ont pas oublié ou renié en elles le divin. Le très beau recueil* Birds, Beasts and Flowers (Oiseaux, bêtes et fleurs) *est une invitation à les mieux regarder et comprendre, à prendre langue avec cette « base » immense de la pyramide de notre communauté de vivants.*

« Empédocle dit que les arbres furent les premières créatures à pousser de la terre, avant que ne fusse étendu le soleil et avant que le jour et la nuit ne fussent distingués : par la symétrie de leur mélange d'eau et de feu, ils contiennent la proportion de mâle et de femelle ; ils poussent et s'élèvent grâce à la chaleur qui est dans la terre, ainsi ils sont des parties de la terre de la même façon que les embryons sont des parts de la matrice. Les fruits sont des excrétions de l'eau et du feu dans les plantes. »

L'idée de réintégration, désir et nécessité, n'est-elle pas au centre de toute quête, de toute proposition de guérison ? Il s'agit bien pour Lawrence d'essayer de guérir de sa solitude, de son isolement, peut-être de son peu de réalité, de guérir l'homme, et la communauté humaine, des méfaits du narcissisme fondamental de la nature humaine. La voie que perçoit et propose Lawrence avec tant de force poétique est celle d'une réintégration cosmique, en commençant avec celle de l'individu arrêté, bloqué, figé, contracté dans le flux vivant immé-

diat, instantané à chaque instant. Lawrence établit-il un lien entre l'isolement, l'enfermement dans un faux soi et la perte de vitalité, la déshumanisation qu'il diagnostique chez l'homme occidental ? Je ne sais, mais il est clair que le visionnaire, le plongeur à la recherche de mythes anciens et le constructeur de mythes nouveaux, fasciné par la découverte de l'inconscient d'un Freud qui cherche à comprendre par le raisonnement les mécanismes des maladies de notre psyché, accuse la raison de notre perte de vie ; le salut, dès lors, ne peut se trouver que dans la récupération de nos instincts (au sens romantique du terme) perdus.

La totalité cosmique est un être vivant comme nous.

Peut-on, doit-on, à l'intérieur de cette totalité distinguer entre les conflits humains qui pour Lawrence se situent principalement — nous l'avons vu — au niveau de l'amour et des rapports sexuels (il lui est arrivé néanmoins de clamer sa révolte face à l'absurdité de la guerre dans un essai intitulé The Reality of Peace, *1915), et les pôles d'opposition que la vision de l'homme perçoit dans ce corps illimité, comme ténèbres et lumière, chaleur et froid, printemps et hiver, corruption et fécondité, vie et mort ? Le conflit n'est-il pas une loi fondamentale pour les choses et forces de la nature ?*

Lawrence nous voit surgir de la nuit, tendre vers la lumière, pour être replongés dans l'obscurité totale et l'oubli. À cette opposition qui peut avoir des allures dialectiques de l'obscurité et de la lumière s'articule (se superpose ?) celle de la non-vie et de la vie. Mais ce qui meurt, est décomposé à nos yeux, pris dans une totalité sans bornes, il est vrai inimaginable, subit-il autre chose qu'une transformation ? Quelles que soient au fond les idées véritables de Lawrence sur cette « totalité » cosmique dont il parle, il sent et il sait, puisqu'il a le temps si l'on peut dire de s'y préparer, que mourir ce n'est pas rien. Que toutes les sagesses du monde sont de peu d'aide si nous ne sommes pas capables d'accepter, d'acquiescer.

Dans les peintures imprégnées de tant de vie et de fraîcheur des tombeaux étrusques de Tarquinia, Lawrence a cru apercevoir cette réconciliation qu'il cherchait, que nous cherchons tous avec la finitude.

I

C'est l'automne, le temps des fruits qui tombent
et du long voyage vers l'oubli.
[...]

Il est temps de partir, de faire ses adieux
à soi-même et trouver une issue
au moi déchu.

II

Votre barque de la mort, l'avez-vous construite ?
Ô construisez-la, vous en aurez besoin.
[...]
Et la mort est dans l'air comme une odeur de cendres !
Ah ! ne la sentez-vous pas ?

Et dans le corps meurtri, l'âme effrayée
se contracte, se crispe dans le froid.
[...]

IV

Ô parlons de la paix que nous connaissons
que nous pouvons connaître, la douce et profonde paix
d'un fort cœur en paix !
[...]

V

Construisez la barque de la mort, car vous devez faire
le plus long voyage vers l'oubli.
Et mourez la mort, la longue et douloureuse mort
qui est entre le vieux soi et le nouveau.
[...]

VI

[...]
Nous mourons, nous mourons, nos corps meurent peu à peu
et notre force nous quitte,
et notre âme nue se blottit dans la pluie noire au-dessus du
flot,
blottie dans les dernières branches de l'arbre de notre vie.

VII

Nous mourons, nous mourons et tout ce que nous pouvons
faire
maintenant c'est de consentir à mourir et de construire la
barque
de la mort pour conduire l'âme dans son plus long voyage.

Une petite barque avec des rames et des vivres
des petits plats et tout l'équipement
utile et disponible pour l'âme qui s'en va.

Maintenant larguez la petite barque, maintenant que meurt
le corps
et que la vie s'en va, larguez hardiment, l'âme fragile
dans la barque fragile du courage, l'arche de foi
avec sa provision de vivres et ses petits poêlons
ses habits de rechange
sur le flot noir de la désolation
sur les eaux de la fin
sur la mer de la mort, où nous voguons encore
obscurément, sans gouvernail, et sans avoir de port[1].

Et quand tout aura disparu, englouti dans l'obscurité et l'oubli, une pâleur naît sur le flot noir de la désolation, les ténèbres accouchent d'une aube rédimée.

Lorand Gaspar

1. *La barque de la mort.*

Vois ! Nous touchons au but !

Look ! We Have Come Through !

FIRST MORNING

The night was a failure
but why not—?

In the darkness
with the pale dawn seething at the window
through the black frame
I could not be free,
not free myself from the past, those others—
and our love was a confusion,
there was a horror,
you recoiled away from me.

Now, in the morning
As we sit in the sunshine on the seat by the little shrine,
And look at the mountain-walls,
Walls of blue shadow,
And see so near at our feet in the meadow
Myriads of dandelion pappus
Bubbles ravelled in the dark green grass
Held still beneath the sunshine—
It is enough, you are near—

PREMIER MATIN

La nuit fut un échec
    et pourquoi pas — ?

Dans l'obscurité
    avec l'aube pâle frémissante dans la fenêtre
    à travers le cadre noir
    je ne pouvais être libre
    me dégager du passé ; de ces autres —
    et notre amour fut confusion,
    il y eut cette chose horrible,
    tu te retiras de moi révulsée.

Maintenant, au matin
Comme nous sommes assis au soleil sur un banc près du petit
  sanctuaire,
Regardant le mur des montagnes,
Murs d'ombres bleues,
Voyant si près de nos pieds dans la prairie
D'innombrables boules de pissenlit
Boules prises dans l'herbe vert sombre
Paisible sous le soleil —
Cela suffit, tu es tout près —

The mountains are balanced,
The dandelion seeds stay half-submerged in the grass;
You and I together
We hold them proud and blithe
On our love.
They stand upright on our love,
Everything starts from us,
We are the source.

Beuerberg.

Les montagnes sont en équilibre
Les graines de pissenlit à demi enfouies dans l'herbe :
Toi et moi ensemble
Notre amour porte tout cela
Fier et joyeux.
Tout se tient debout sur notre amour,
Commence avec nous,
Nous sommes la source.

Beuerberg.

"AND OH—
THAT THE MAN I AM
MIGHT CEASE TO BE—"

No, now I wish the sunshine would stop,
and the white shining houses, and the gay red flowers on the balconies
and the bluish mountains beyond, would be crushed out
between two valves of darkness;
the darkness falling, the darkness rising, with muffled sound
obliterating everything.

I wish that whatever props up the walls of light
would fall, and darkness would come hurling heavily down,
and it would be thick black dark for ever.
Not sleep, which is grey with dreams,
nor death, which quivers with birth,
but heavy, sealing darkness, silence, all immovable.

What is sleep?
It goes over me, like a shadow over a hill,
but it does not alter me, nor help me.
And death would ache still, I am sure;
it would be lambent, uneasy.

« OH !
CET HOMME QUE JE SUIS
POURRAIT CESSER D'EXISTER »

Maintenant je voudrais que cesse le soleil
et que les blanches maisons luisantes, les gaies fleurs rouges
des balcons
et derrière, les montagnes bleuâtres soient brisées
entre deux battants de ténèbres ;
les ténèbres qui tombent, les ténèbres qui montent avec un
bruit sourd
obstruant tout.

Je voudrais que ce qui soutient les murs de lumière
s'effondre et que les ténèbres se ruent lourdement sur nous,
et ce serait à jamais ténèbres épaisses et noires.
Non pas le sommeil qui est gris de rêve,
ni la mort qui vibre de naissance
mais lourdes ténèbres qui scellent et silence, immuable.

Qu'est-ce que le sommeil ?
Il passe sur moi comme l'ombre sur la colline,
mais il ne m'abat pas, il ne me conforte pas.
Et la mort ferait mal encore, j'en suis sûr ;
ce serait voilé, malaisé.

I wish it would be completely dark everywhere,
inside me, and out, heavily dark
utterly.

Wolfratshausen.

Je voudrais qu'il fasse partout obscur
sur moi, au-dehors, lourdement obscur
absolument.

Wolfratshausen.

CRAVING FOR SPRING

I wish it were spring in the world.

Let it be spring !
Come, bubbling, surging tide of sap !
Come, rush of creation !
Come, life ! surge through this mass of mortification !
Come, sweep away these exquisite, ghastly first-flowers,
which are rather last-flowers !
Come, thaw down their cool portentousness, dissolve them :
snowdrops, straight, death-veined exhalations of white and purple crocuses,
flowers of the penumbra, issue of corruption, nourished in mortification,
jets of exquisite finality ;
come, spring, make havoc of them !

I trample on the snowdrops, it gives me pleasure to tread down the jonquils,
to destroy the chill Lent lilies ;
for I am sick of them, their faint-bloodedness,
slow-blooded, icy-fleshed, portentous.

AFFAMÉ DE PRINTEMPS

J'aimerais que ce soit printemps dans le monde.

Que le printemps soit !
Viens bouillonnante et surgissante crue de sèves !
Viens, bousculade de la création !
Viens vite ! Émerge à travers cette masse de décomposition !
Viens, balaie ces exquises et horribles premières fleurs,
qui sont plutôt les dernières !
Viens, dégèle leur froid présage, dissous-les :
perce-neige, et les exhalaisons raides, veinées de mort des crocus blancs et mauves
fleurs de la pénombre, issues de la corruption, nourries dans la décomposition,
jets d'exquise finalité ;
viens printemps, saccage-les !

Je piétine les perce-neige, je prends plaisir à briser les jonquilles,
à détruire les frais narcisses ;
car j'en ai assez de leur sang timoré,
de leur sang paresseux, de leur chair glacée, de leur mauvais présage.

I want the fine, kindling wine-sap of spring,
gold, and of inconceivably fine, quintessential brightness,
rare almost as beams, yet overwhelmingly potent,
strong like the greatest force of world-balancing.

This is the same that picks up the harvest of wheat
and rocks it, tons of grain, on the ripening wind;
the same that dangles the globe-shaped pleiads of fruit
temptingly in mid-air, between a playful thumb and finger;
oh, and suddenly, from out of nowhere, whirls the pear-bloom,
upon us, and apple- and almond- and apricot- and quince-blossom,
storms and cumulus clouds of all imaginable blossom
about our bewildered faces,
though we do not worship,
I wish it were spring
cunningly blowing on the fallen sparks, odds and ends of the old, scattered fire,
and kindling shapely little conflagrations
curious long-legged foals, and wide-eared calves, and naked sparrow-bubs.

I wish that spring
would start the thundering traffic of feet
new feet on the earth, beating with impatience.

I wish it were spring, thundering
delicate, tender spring.
I wish these brittle, frost-lovely flowers of passionate, mysterious corruption

Je veux le vin pur et ardent du printemps,
or d'une clarté délicate, inconcevable et essentielle,
presque aussi rare qu'un rayon pourtant d'une puissance écrasante,
fort, comme la plus grande force équilibrant le monde.

C'est la même qui ramasse la moisson de blé
et la berce, tonnes de graines, dans le vent qui la mûrit ;
la même qui balance des pléiades de fruits globuleux
tentation suspendue entre deux doigts enjoués ;
oh, et soudain de nulle part fond sur nous en tourbillon
fleurs de poiriers et de pommiers, et d'amandiers, d'abricotiers et de cognassiers,
tempête et cumulus de toutes sortes de floraisons imaginables
sur nos visages troublés,
bien que nous ne soyons pas des adorateurs.
J'aimerais que ce soit le printemps
soufflant malignement sur les étincelles tombées, fragments épars de l'ancien feu dispersé,
et embrasant de petites conflagrations bien agencées
d'étranges poulains aux longues pattes, et des veaux aux larges oreilles, et des bébés moineaux nus.

J'aimerais que le printemps
démarre le va-et-vient furieux des pieds
de pieds nouveaux sur la terre, battant d'impatience.

J'aimerais que ce soit le printemps, fulminant
délicat, tendre printemps.
J'aimerais que ces fleurs fragiles aux charmes de gel d'une corruption mystérieuse et passionnée

were not yet to come still more from the still-flickering discontent.

Oh, in the spring, the bluebell bows him down for very exuberance,
exulting with secret warm excess,
bowed down with his inner magnificence!

Oh, yes, the gush of spring is strong enough
to toss the globe of earth like a ball on a water-jet
dancing sportfully;
as you see a tiny celluloid ball tossing on a squirt of water
for men to shoot at, penny-a-time, in a booth at a fair.

The gush of spring is strong enough
to play with the globe of earth like a ball on a fountain;
At the same time it opens the tiny hands of the hazel
with such infinite patience.
The power of the rising, golden, all-creative sap could take the earth
and heave it off among the stars, into the invisible;
the same sets the throstle at sunset on a bough
singing against the blackbird;
comes out in the hesitating tremor of the primrose,
and betrays its candour in the round white strawberry flower,
is dignified in the foxglove, like a Red Indian brave.

Ah come, come quickly, spring!
Come and lift us towards our culmination, we myriads;

ne soient pas à venir encore du mécontentement toujours vacillant.

Ah, au printemps la campanule se courbe sous le poids de son exubérance,
exultant d'un secret excès de chaleur,
courbée par son intime magnificence !

Oh, oui, le jaillissement du printemps est assez fort
pour jouer avec le globe terrestre comme une balle dans un jet d'eau,
dansant gaiement ;
comme on voit une petite balle de celluloïd sautant dans une colonne d'eau
pour que les gens tirent dessus, un sou la partie, dans un stand de foire.

Le jaillissement du printemps est assez fort
pour jouer avec le globe terrestre comme une balle sur une fontaine ;
En même temps il ouvre les petites mains du noisetier
avec une infinie patience.
La puissance de la sève montante, dorée, créatrice, pourrait ravir la terre
et la propulser parmi les étoiles dans l'invisible ;
la même pousse la grive au couchant à chanter sur une
branche contre le merle ;
surgit dans le tremblement incertain de la primevère,
et trahit sa candeur dans la fleur blanche et ronde du fraisier ;
est revêtue de majesté, comme un chef indien, dans la digitale.

Oh, viens, viens vite printemps !
Viens et lève-nous vers notre gloire, nous myriades ;

we who have never flowered, like patient cactuses.
Come and lift us to our end, to blossom, bring us to our summer,
we who are winter-weary in the winter of the world.
Come making the chaffinch nests hollow and cosy,
come and soften the willow buds till they are puffed and furred,
then blow them over with gold.
Come and cajole the gawky colt's-foot flowers.

Come quickly, and vindicate us
against too much death.
Come quickly, and stir the rotten globe of the world from within,
burst it with germination, with world anew.
Come now, to us, your adherents, who cannot flower from the ice.
All the world gleams with the lilies of Death *the* Unconquerable,
but come, give us our turn.
Enough of the virgins and lilies, of passionate, suffocating perfume of corruption,
no more narcissus perfume, lily harlots, the blades of sensation
piercing the flesh to blossom of death.
Have done, have done with this shuddering, delicious business
of thrilling ruin in the flesh, of pungent passion, of rare, death-edged ecstasy.
Give us our turn, give us a chance, let our hour strike,
O soon, soon!
Let the darkness turn violet with rich dawn.
Let the darkness be warmed, warmed through to a ruddy violet,

nous qui n'avons jamais fleuri, cactus patients.
Viens et lève-nous vers notre terme à la floraison, porte-nous vers notre été,
nous qui sommes lourds d'hiver dans l'hiver du monde.
Viens faire les nids des pinsons creux et douillets,
viens et adoucis les bourgeons de saule jusqu'à ce qu'ils gonflent et se remplissent,
puis recouvre-les d'or.
Viens et enjôle les fleurs du pas d'ânes lourdauds.

Viens vite, défends-nous
contre trop de mort.
Viens vite, et remue de l'intérieur le globe pourri du monde,
fais-le éclater de germination, monde nouveau.
Viens maintenant, vers nous, tes adeptes qui ne peuvent pas fleurir dans la glace.
Le monde entier luit des lys de la Mort Invincible,
mais viens, accorde-nous notre tour.
Assez des vierges et des lys, du parfum passionné, suffocant de la corruption,
plus de parfum de narcisse, de lys prostitués, de poignards du sentiment
traversant la chair jusqu'à la floraison de la mort.
Finissons, finissons-en de cette frémissante histoire, délicieuse
de la ruine palpitante de la chair, de l'âcre passion, de l'extase rare bordée de mort.
Accorde-nous notre tour, accorde-nous notre chance, laisse notre heure frapper,
Oh, bientôt, bientôt !
Laisse l'obscurité tourner au violet d'une riche aurore.
Laisse l'obscurité se réchauffer, se réchauffer en une rougeur violette,

incipient purpling towards summer in the world of the heart of man.

Are the violets already here!
Show me! I tremble so much to hear it, that even now
on the threshold of spring, I fear I shall die.
Show me the violets that are out.

Oh, if it be true, and the living darkness of the blood of man is purpling with violets,
if the violets are coming out from under the rack of men, winter-rotten and fallen,
we shall have spring.
Pray not to die on this Pisgah blossoming with violets.
Pray to live through.
If you catch a whiff of violets from the darkness of the shadow of man
it will be spring in the world,
it will be spring in the world of the living;
wonderment organising itself, heralding itself with the violets,
stirring of new seasons.

Ah, do not let me die on the brink of such anticipation!
Worse, let me not deceive myself.

Zennor.

rougeoiement naissant de l'été dans l'univers du cœur de l'homme.

Les violettes sont-elles déjà là ?
Montre-moi ! Je tremble si fort de l'entendre, que même maintenant,
au seuil du printemps, j'ai peur de mourir.
Montre-moi les violettes écloses.

Oh, si c'est vrai, et si l'obscurité vivante du sang de l'homme s'empourpre de violettes,
si les violettes sortent de dessous les ruines de l'homme, pourri d'hiver, écroulé,
nous aurons le printemps.
Priez de ne pas mourir sur le Pisgah fleuri de violettes.
Priez d'y survivre.
S'il vous parvient de l'ombre obscure de l'homme un parfum de violettes,
ce sera le printemps dans le monde.
Ce sera le printemps dans le monde des vivants ;
émerveillement qui se construit, annoncé par les violettes,
bouillonnement de saisons nouvelles.

Ah, ne me laissez pas mourir au seuil d'une telle attente !
Ou pire, ne me laissez pas me leurrer moi-même.

Zennor.

Oiseaux, bêtes et fleurs

Birds, Beasts and Flowers

PEACH

Would you like to throw a stone at me?
Here, take all that's left of my peach.

Blood-red, deep;
Heaven knows how it came to pass.
Somebody's pound of flesh rendered up.

Wrinkled with secrets
And hard with the intention to keep them.

Why, from silvery peach-bloom,
From that shallow-silvery wine-glass on a short stem
This rolling, dropping, heavy globule?

I am thinking, of course, of the peach before I ate it.

Why so velvety, why so voluptuous heavy?
Why hanging with such inordinate weight?
Why so indented?

Why the groove?
Why the lovely, bivalve roundnesses?

LA PÊCHE

Aimeriez-vous me jeter une pierre ?
Tenez, prenez le reste de ma pêche.

Rouge-sang profond ;
Dieu sait comment cela émergea.
Une livre de chair restituée.

Ridée de secrets
Et la ferme intention de les garder.

Pourquoi de la fleur argentée du pêcher,
De cette coupe aux reflets d'argent sur une courte tige
Ce globule roulant, coulant et lourd ?

Je pense bien sûr à la pêche avant de l'avoir mangée.

Pourquoi si veloutée, si voluptueusement lourde ?
Pourquoi pendante d'un tel poids incongru ?
Pourquoi si échancrée ?

Pourquoi l'ornière ?
Pourquoi la ravissante rotondité bivalve ?

Why the ripple down the sphere?
Why the suggestion of incision?

Why was not my peach round and finished like a billiard ball?
It would have been if man had made it.
Though I've eaten it now.

But it wasn't round and finished like a billiard ball.
And because I say so, you would like to throw something at me.

Here, you can have my peach stone.

San Gervasio.

Pourquoi l'ondulation le long de la sphère ?
Pourquoi l'incision suggérée ?

Pourquoi n'était-elle pas ronde et bien finie comme une boule de billard ma pêche ?
Faite par l'homme elle l'eût été.
Mais je l'ai mangée maintenant.

Elle n'était pas finie ni ronde comme une boule de billard.
Et parce que je le dis, vous aimeriez me jeter quelque chose à la figure.

Tenez, prenez mon noyau de pêche.

San Gervasio.

FIGS

The proper way to eat a fig, in society,
Is to split it in four, holding it by the stump,
And open it, so that it is a glittering, rosy, moist, honied, heavy-petalled four-petalled flower.

Then you throw away the skin
Which is just like a four-sepalled calyx,
After you have taken off the blossom with your lips.

But the vulgar way
Is just to put your mouth to the crack, and take out the flesh in one bite.

Every fruit has its secret.

The fig is a very secretive fruit.
As you see it standing growing, you feel at once it is symbolic :
And it seems male.
But when you come to know it better, you agree with the Romans, it is female.

FIGUES

La manière correcte de manger une figue en société
Est de la fendre en quatre, la tenant par la tige,
Et de l'ouvrir pour en faire une fleur de miel, rosée, humide, éclatante à quatre lourds pétales.

Puis vous jetez la peau
Qui est comme un calice à quatre sépales,
Après avoir cueilli avec vos lèvres la fleur.

Mais la manière vulgaire
C'est de placer votre bouche sur la fente, et d'aspirer la chair, d'une seule bouchée.

Chaque fruit a son secret.

La figue est un fruit très dissimulé.
Lorsque vous la voyez pousser très droit, vous sentez tout de suite que c'est symbolique :
Et elle semble mâle.
Mais lorsque vous apprenez à mieux la connaître, vous admettez avec les Romains que c'est féminin.

The Italians vulgarly say, it stands for the female part; the fig-fruit:
The fissure, the yoni,
The wonderful moist conductivity towards the centre.

Involved,
Inturned,
The flowering all inward and womb-fibrilled;
And but one orifice.

The fig, the horse-shoe, the squash-blossom.
Symbols.

There was a flower that flowered inward, womb-ward;
Now there is a fruit like a ripe womb.

It was always a secret.
That's how it should be, the female should always be secret.
There never was any standing aloft and unfolded on a bough
Like other flowers, in a revelation of petals;
Silver-pink peach, venetian green glass of medlars and sorb-apples,
Shallow wine-cups on short, bulging stems
Openly pledging heaven:
Here's to the thorn in flower! Here is to Utterance!
The brave, adventurous rosaceæ.

Folded upon itself, and secret unutterable,
And milky-sapped, sap that curdles milk and makes ricotta,

Les Italiens appellent vulgairement figue l'organe femelle :
La fissure, le yoni,
Le merveilleux chemin humide qui conduit au centre.

Repliée,
Infléchie,
Floraison toute vers l'intérieur et veinée de fibres matricielles ;
Et un seul orifice.

La figue, le fer à cheval, la fleur de courge.
Symboles.

Ce fut une fleur qui fleurissait tout à l'intérieur, vers la matrice ;
Maintenant c'est un fruit, telle une matrice mûre.

Ce fut toujours un secret.
C'est ainsi que cela devrait être, la femelle devrait toujours rester secrète.
Il n'y a jamais rien eu de proéminent, de déployé sur une branche
Comme chez d'autres fleurs, dans une révélation de pétales ;
Le rose argenté des fleurs de pêcher, la verrerie vénitienne des fleurs de néflier et de sorbier,
Coupes de vin peu profondes sur de courtes tiges turgescentes
Franche promesse du paradis :
Voici pour l'épine en fleur ! Voici pour la révélation !
La vaillante, l'aventureuse rosacée.

Repliée sur elle-même, secret indicible,
La sève laiteuse qui caille le lait et fabrique la *ricotta*,

Sap that smells strange on your fingers, that even goats won't taste it;
Folded upon itself, enclosed like any Mohammedan woman,
Its nakedness all within-walls, its flowering forever unseen,
One small way of access only, and this close-curtained from the light;
Fig, fruit of the female mystery, convert and inward,
Mediterranean fruit, with you covert nakedness,
Where everything happens invisible, flowering and fertilisation, and fruiting
In the inwardness of your you, that eye will never see
Till it's finished, and you're over-ripe, and you burst to give up your ghost.

Till the drop of ripeness exudes,
And the year is over.

And then the fig has kept her secret long enough.
So it explodes, and you see through the fissure the scarlet.
And the fig is finished, the year is over.

That's how the fig dies, showing her crimson through the purple slit
Like a wound, the exposure of her secret, on the open day.
Like a prostitute, the bursten fig, making a show of her secret.

That's how women die too.

The year is fallen over-ripe,
The year of our women.
The year of our women is fallen over-ripe.

La sève qui sent si étrangement sur vos doigts que même les chèvres ne l'aiment pas ;
Repliée sur elle-même, cachée comme une femme musulmane,
Sa nudité cloîtrée, sa floraison à jamais invisible,
Seulement un petit chemin d'accès, tous rideaux tirés devant la lumière ;
Figue, fruit du mystère femelle, cachée et intime,
Fruit de la Méditerranée avec ta nudité cachée,
Où tout se passe dans l'invisible, floraison et fécondation et maturation
Dans l'intimité de votre vous, qu'aucun œil ne verra jamais
Avant que tout soit achevé et que trop mûre vous éclatiez en rendant l'âme.

Jusqu'à ce que la goutte de maturité ne sourde,
Et que l'année prenne fin.

La figue, alors, a gardé suffisamment longtemps son secret.
Aussi elle explose et vous apercevez dans la faille l'écarlate.
Et la figue est finie, l'année a pris fin.

C'est ainsi que meurt la figue, dévoilant son cramoisi à travers une fente violette
Telle une blessure, l'exposition de son secret au grand jour.
Comme une prostituée, la figue éclatée donne en spectacle son secret.

C'est ainsi que meurent aussi les femmes.

L'année est tombée, trop mûre,
L'année de nos femmes.
L'année de nos femmes est tombée, trop mûre.

The secret is laid bare.
And rottenness soon sets in.
The year of our women is fallen over-ripe.

When Eve once knew in her mind *that she was naked*
She quickly sewed fig-leaves, and sewed the same for the man.
She'd been naked all her days before,
But till then, till that apple of knowledge, she had'nt had the fact on her mind.

She got the fact on her mind, and quickly sewed fig-leaves.
And women have been sewing ever since.
But now they stitch to adorn the bursten fig, not to cover it.
They have their nakedness more than ever on their mind,
And they won't let us forget it.

Now, the secret
Becomes an affirmation through moist, scarlet lips
That laugh at the Lord's indignation.

What then, good Lord! *cry the women.*
We have kept our secret long enough.
We are a ripe fig.
Let us burst into affirmation.
They forget, ripe figs won't keep.
Ripe figs won't keep.

Honey-white figs of the north, black figs with scarlet inside, of the south.
Ripe figs won't keep, won't keep in any clime.

Le secret est mis à nu.
Bientôt ce sera la pourriture.
L'année de nos femmes est tombée trop mûre.

Quand Ève connut jadis *dans son esprit* qu'elle était nue
Vite elle cousit des feuilles de figuier et fit de même pour l'homme
Elle a toujours été nue auparavant
Mais jusqu'à la pomme du savoir, elle ne s'en souciait pas.

Elle s'en rendit compte soudain, et vite elle cousit des feuilles de figuier.
Et depuis lors les femmes n'ont cessé de coudre.
Mais maintenant elles brodent, non pour cacher, mais pour orner la figue éclatée.
Plus que jamais elles sont conscientes de leur nudité,
Et elles ne nous la laisseront pas oublier.

Maintenant, le secret
Devient une affirmation à travers les lèvres écarlates et humides
Un éclat de rire devant l'indignation du Seigneur.

Alors quoi, Seigneur ! crient les femmes.
Nous avons gardé notre secret assez longtemps.
Nous sommes une figue mûre.
Nous voulons éclater en affirmation.
Elles oublient que les figues mûres ne se gardent pas.
Les figues mûres ne se gardent pas.

Figues blanc-miel du Nord, figues noires aux entrailles écarlates du Sud.
Les figues mûres ne se gardent pas, ne se gardent sous aucun climat.

What then, when women the world over have all bursten into self-assertion?
And bursten figs won't keep?

San Gervasio.

Alors que faire lorsque toutes les femmes du monde auront éclaté en s'affirmant ?
Et que les figues éclatées ne se garderont pas ?

San Gervasio.

GRAPES

So many fruits come from roses,
From the rose of all roses,
From the unfolded rose,
Rose of all the world.

Admit that apples and strawberries and peaches and pears and blackberries
Are all Rosaceæ,
Issue of the explicit rose,
The open-countenanced, skyward-smiling rose.

What then of the vine?
Oh, what of the tendrilled vine?

Ours is the universe of the unfolded rose,
The explicit
The candid revelation.

But long ago, oh, long ago
Before the rose began to simper supreme,
Before the rose of all roses, rose of all the world, was even in bud,

RAISINS

Tant de fruits nous viennent des roses,
De la rose de toutes les roses,
De la rose épanouie,
Rose du monde entier.

Admettez que pommes, fraises, pêches, poires et mûres
Sont toutes des rosacées
Issues de la rose explicite,
De la rose à visage ouvert, souriant au ciel.

Et qu'en est-il de la vigne ?
Oh, qu'en est-il de la vigne vrillée ?

Nôtre est l'univers de la rose épanouie
L'explicite
La candide révélation.

Mais il y a longtemps, oh, très longtemps
Avant que la rose commençât à mignarder
Avant que la rose de toutes les roses, rose du monde entier
  fût même un bouton,

Before the glaciers were gathered up in a bunch out of the unsettled seas and winds,
Or else before they had been let down again, in Noah's flood,
There was another world, a dusky, flowerless, tendrilled world
And creatures webbed and marshy,
And on the margin, men soft-footed and pristine,
Still, and sensitive, and active,
Audile, tactile sensitiveness as of a tendril which orientates and reaches out,
Reaching out and grasping by an instinct more delicate than the moon's as she feels for the tides.

Of which world, the vine was the invisible rose,
Before petals spread, before colour made its disturbance, before eyes saw too much.
In a green, muddy, web-foot, unutterly songless world
The vine was rose of all roses.

There were no poppies or carnations,
Hardly a greenish lily, watery faint.
Green, dim, invisible flourishing of vines
Royally gesticulate.

Look now even now, how it keeps its power of invisibility!
Look how black, how blue-black, how globed in Egyptian darkness
Dropping among his leaves, hangs the dark grape!
See him there, the swart, so palpably invisible:
Whom shall we ask about him?
The negro might know a little.
When the vine was rose, Gods were dark-skinned.

Avant que les glaciers fussent entassés hors des vents et les mers en désordre
Ou encore avant qu'ils ne fussent relâchés à nouveau dans le déluge de Noé,
Il y eut un autre monde, un monde sombre sans fleur vrillée
Et des créatures palmées dans les marécages,
Et sur le bord, des hommes primitifs aux pas feutrés
Paisibles, sensibles et actifs
D'une sensibilité sonore et tactile comme celle d'une vrille qui s'oriente et tâtonne
Cherchant et s'agrippant par un instinct plus délicat que celui de la lune quand elle sent la marée.

De ce monde la vigne fut la rose invisible,
Avant que les pétales se déplient, avant que la couleur sème le trouble, avant que les yeux ne voient trop.
Dans un monde vert, boueux, aux pieds palmés, ineffablement privé de chant,
La vigne fut la rose de toutes les roses.

Il n'y avait d'œillet, ni de coquelicot
À peine un lys verdâtre, d'une pâleur aqueuse,
Verte, obscure, invisible surgissement de vignes
Agitées royalement.

Regardez même maintenant comme il garde son pouvoir d'être invisible !
Regardez comme il est noir, bleu-noir, drapé dans une obscurité égyptienne
S'égouttant parmi ses feuilles et suspendu le raisin noir !
Voyez-le, le noiraud, si palpablement invisible !
Qui devons-nous interroger sur lui ?
Les Noirs doivent en savoir quelque chose,
Quand la vigne fut rose, les Dieux avaient la peau sombre.

Bacchus is a dream's dream.
Once God was all negroid, as now he is fair.
But it's so long ago, the ancient Bushman has forgotten more utterly than we, who have never known.

For we are on the brink of re-remembrance.
Which, I suppose, is why America has gone dry.
Our pale day is sinking into twilight,
And if we sip the wine, we find dreams coming upon us
Out of the imminent night.
Nay, we find ourselves crossing the fern-scented frontiers
Of the world before the floods, where man was dark and evasive
And the tiny vine-flower rose of all roses, perfumed,
And all in naked communion communicating as now our clothed vision can never communicate.
Vistas, down dark avenues,
As we sip the wine.
The grape is swart, the avenues dusky and tendrilled, subtly prehensile,
But we, as we start awake, clutch at our vistas democratic, boulevards, tram-cars, policemen.
Give us our own back,
Let us go to the soda-fountain, to get sober.
Soberness, sobriety.
It is like the agonised perverseness of a child heavy with sleep, yet fighting, fighting to keep awake;
Soberness, sobriety, with heavy eyes propped open.

Dusky are the avenues of wine,
And we must cross the frontiers, though we will not,

Bacchus est le rêve d'un rêve
Jadis Dieu fut tout noir, autant qu'il est blond maintenant.
Mais il y a si longtemps de cela que les anciens Bochimans l'ont plus totalement oublié que nous ne le sûmes jamais.

Car nous sommes au bord de nous ressouvenir
Voilà pourquoi je suppose l'Amérique est devenue sèche.
Notre jour pâle sombre dans le crépuscule,
Et si nous savourons le vin, des rêves nous envahissent
Venus de la nuit imminente.
Nous nous trouvons en train de franchir des frontières parfumées de fougères
Du monde d'avant les déluges, où l'homme fut noir et évasif
Et la minuscule fleur de vigne, rose de toutes les roses, parfumée
Et tout en communion nue communiquant comme jamais ne le peut maintenant notre vision vêtue.
Perspectives descendant des sombres avenues,
Tandis que nous savourons le vin.
Le raisin est noiraud, les avenues sombres et vrillées, subtilement préhensiles,
Mais nous, en sortant de notre sommeil, nous agrippons à nos perspectives démocratiques, boulevards, tramways, policiers.
Rendez-nous ce qui nous est propre,
Laissez-nous aller chez le glacier pour nous dégriser.
Sobriété, modération.
C'est comme la perversité angoissée d'un enfant lourd de sommeil mais qui lutte, lutte pour rester éveillé ;
Sobriété, modération, avec des yeux lourds écarquillés.

Sombres sont les avenues du vin,
Et nous devons passer les frontières, bien que nous ne le voulions pas,

Of the lost, fern-scented world :
Take the fern-seed on our lips,
Close the eyes, and go
Down the tendrilled avenues of wine and the otherworld.

San Gervasio.

Du monde perdu au parfum de fougères :
Prendre la graine de fougère sur nos lèvres,
Fermer les yeux et descendre
Les avenues vrillées du vin et de l'autre monde.

San Gervasio.

THE EVENING LAND

Oh, America,
The sun sets in you.
Are you the grave of our day?

Shall I come to you, the open tomb of my race?

I would come, if I felt my hour had struck.
I would rather you came to me.

For that matter
Mahomet never went to any mountain
Save it had first approached him and cajoled his soul.

You have cajoled the souls of millions of us,
America,
Why won't you cajole my soul?
I wish you would.

I confess I am afraid of you.

The catastrophe of your exaggerate love,
You who never find yourself in love

LE PAYS DU SOIR

Oh, Amérique,
Le soleil se couche en toi.
Es-tu la tombe de notre jour ?

Dois-je venir à toi, tombe ouverte de ma race ?

Je viendrais si je sentais que mon heure avait sonné.
Je préférerais que toi tu viennes à moi.

De même
Mahomet ne se dirigeait jamais vers aucune montagne
Avant que celle-ci s'approche de lui et enjôle son âme.

Tu as enjôlé l'âme de millions d'entre nous,
Amérique,
Pourquoi ne veux-tu pas enjôler la mienne ?
J'aimerais que tu le fasses.

Je le confesse, j'ai peur de toi.

Le désastre de ton amour excessif,
Toi qui n'as jamais été amoureuse,

But only lose yourself further, decomposing.

You who never recover from out of the orgasm of loving
Your pristine, isolate integrity, lost aeons ago.
Your singleness within the universe.

You who in loving break down
And break further and further down
Your bounds of isolation,
But who never rise, resurrected, from this grave of mingling,
In a new proud singleness, America.

Your more-than-European idealism,
Like a be-aureoled bleached skeleton hovering
Its cage-ribs in the social heaven, beneficent.

And then your single resurrection
Into machine-uprisen perfect man.

Even the winged skeleton of your bleached ideal
Is not so frightening as that clean smooth
Automaton of your uprisen self,
Machine American.

Do you wonder that I am afraid to come
And answer the first machine-cut question from the lips of your iron men?
Put the first cents into metallic fingers of your officers
And sit beside the steel-straight arms of your fair women,
American?

Mais te perds toujours davantage, te décomposant.

Toi qui ne recouvres jamais de l'orgasme de l'amour
Ton intégrité primitive, solitaire, perdue depuis des siècles.
Ton unicité dans l'univers.

Toi qui en amour abats
Et abats encore et encore
Les frontières de ton isolement,
Mais qui ne te lèves jamais, ressuscitée, de ce tombeau du mélange
En une neuve et fière unicité, Amérique.

Ton idéalisme plus qu'européen,
Tel un squelette auréolé, blanchi, traînant
Bénéfique, sa cage de côtes, dans le ciel social.

Et puis ton unique résurrection
En un homme parfait, surgi de la machine.

Même le squelette ailé de ton idéal blanchi
Ne m'effraie pas tant que ce propre, lisse
Automate de ton être ressuscité,
Américain mécanique.

Cela t'étonne-t-il que j'aie peur de venir
Et de répondre à la première question taillée par la machine tombée des lèvres de tes hommes d'acier ?
Mettre les premiers *cents* entre les doigts métalliques de tes fonctionnaires
Et m'asseoir entre les bras rigides de tes femmes blondes,
Américain ?

This may be a withering tree, this Europe,
But here, even a customs-official is still vulnerable.

I am so terrified, America,
Of the iron click of your human contact.
And after this
The winding-sheet of your self-less ideal love.
Boundless love
Like a poison gas.

Does no one realize that love should be intense, individual,
Not boundless.
This boundless love is like the bad smell
Of something gone wrong in the middle.
All this philanthropy and benevolence on other people's behalf
Just a bad smell.

Yet, America,
Your elvishness,
Your New England uncanniness,
Your western brutal faery quality.

My soul is half-cajoled, half-cajoled.

Something in you which carries me beyond,
Yankee, Yankee,
What we call human.
Carries me where I want to be carried
Or don't I?

What does it matter
What we call human, and what we don't call human?

Cette Europe est peut-être un arbre desséché,
Mais ici, même un employé des douanes est vulnérable.

J'ai si peur, Amérique,
Du bruit métallique de tes contacts humains.
Et aussi
Du linceul de ton altruiste idéal amour.
Amour illimité
Comme un gaz toxique.

Personne ne réalise-t-il que l'amour doit être intense, personnel,
Et non illimité.
Cet amour sans limites est comme la puanteur
D'une chose gâtée en son centre.
Et cette philanthropie, cette bienfaisance vis-à-vis des autres
Sent mauvais.

Pourtant, Amérique,
Ta gaminerie,
Ta bizarrerie de Nouvelle-Angleterre,
Ton talent brutal et féerique de l'Ouest.

Mon âme est à moitié enjôlée, à moitié.

Quelque chose en toi m'entraîne au-delà,
Yankee, Yankee,
De ce que nous appelons humain.
M'entraîne là où je souhaite être entraîné…
Ou ne le souhaité-je pas ?

Qu'est-ce que cela peut bien faire
Ce que nous appelons humain et ce que nous n'appelons pas humain ?

The rose would smell as sweet.
And to be limited by a mere world is to be less than a hopping flea, which hops over such an obstruction at first jump.

Your horrible, skeleton, aureoled ideal,
Your weird bright motor-productive mechanism,
Two spectres.

But moreover
A dark, unfathomed will, that is not un-Jewish;
A set, stoic endurance, non-European;
An ultimate desperateness, un-African;
A deliberate generosity, non-Oriental.
The strange, unaccustomed geste of your demonish New World nature
Glimpsed now and then.

Nobody knows you.
You don't know yourself.
And I, who am half in love with you,
What am I in love with?
My own imaginings?
Say it is not so.

Say, through the branches
America, America
Of all your machines,
Say, in the deep sockets of your idealistic skull,
Dark, aboriginal eyes
Stoic, able to wait through ages
Glancing.

La rose embaumerait tout autant.
Et être limité par un simple mot c'est être moins qu'une puce qui saute du premier coup par-dessus l'obstacle.

Ton hideux, squelettique idéal auréolé,
Ta mécanique astucieuse et brillante à engendrer des moteurs,
Deux spectres.

Mais en outre
Une volonté obscure et insondable, qui n'est pas sans avoir quelque chose de juif ;
Une endurance stoïque inconnue en Europe ;
Un acharnement extrême, inconnu en Afrique :
Une générosité délibérée, inconnue en Orient.
La geste étrange, inhabituelle de ta nature démoniaque de Nouveau Monde
Entrevue ici et là.

Personne ne te connaît.
Tu ne te connais pas toi-même.
Et moi qui suis à demi amoureux de toi,
De quoi suis-je amoureux ?
De mes propres imaginations ?
Dis que ce n'est pas vrai.

Dis-le par les forêts,
Amérique, Amérique,
De toutes tes machines,
Dis-le dans les replis profonds de ton crâne d'idéaliste,
Avec tes yeux sombres d'aborigène
Stoïque, capable d'attendre des siècles,
Attentif.

Say, in the sound of all your machines
And white words, white-wash American,
Deep pulsing of a strange heart
New throb, like a stirring under the false dawn that precedes the real.

Nascent American
Demonish, lurking among the undergrowth
Of many-stemmed machines and chimneys that smoke like pine-trees.

Dark, elvish,
Modern, unissued, uncanny America,
Your nascent demon people
Lurking among the deeps of your industrial thicket
Allure me till I am beside myself,
A nympholepht,

"The States!" as Whitman said,
Whatever he meant.

Baden-Baden.

Dis-le par la voix de toutes tes machines
Et avec des mots blancs, Américain blanchi à la chaux,
La pulsation puissante d'un cœur étrange
Le battement neuf, telle l'agitation de la fausse aurore qui
précède la vraie.

Naissant américain,
Démoniaque, tapi aux aguets dans les broussailles
Des machines hérissées de tiges et de cheminées qui fument
comme des pins.

Sombre, lutine,
Moderne, inédite, étrange Amérique,
Ton peuple démon naissant
Tapi dans l'épaisseur des taillis industriels
Me séduit tant que je ne suis pas tout à fait moi-même,
Un nympholepte.

« Ces États ! » comme disait Whitman,
Quoi qu'il ait voulu dire.

Baden-Baden.

BARE FIG-TREES

Fig-trees, weird fig-trees
Made of thick smooth silver,
Made of sweet, untarnished silver in the sea-southern air—
I say untarnished, but I mean opaque—
Thick, smooth-fleshed silver, dull only as human limbs are dull
With the life-lustre,
Nude with the dim light of full, healthy life
That is always half-dark,
And suave like passion-flower petals,
Like passion-flowers,
With the half-secret gleam of a passion-flower hanging from the rock,
Great, complicated, nude fig-tree, stemless flower-mesh,
Flowerily naked in flesh, and giving off hues of life.

Rather like an octopus, but strange and sweet-myriad-limbed octopus;
Like a nude, like a rock-living, sweet-fleshed sea-anemone,
Flourishing from the rock in a mysterious arrogance.

FIGUIERS NUS

Figuiers, figuiers mystérieux
Faits de lourd argent lisse,
Faits de doux argent immaculé dans l'air marin du Sud —
Je dis immaculé, mais je veux dire opaque —
Massif argent à chair lisse, lourd comme seuls le sont les membres de l'homme
Avec l'éclat de la vie,
Nus dans la sombre lumière tamisée de la vie pleine, saine,
Toujours demi-obscure,
Et suave comme les pétales des fleurs de la passion,
Comme des fleurs de la passion,
Avec la lueur demi-secrète de la fleur de la passion qui pend du rocher,
Grand, compliqué, figuier nu, réseau de fleurs sans tiges,
Fleur nue dans sa chair, émettant les couleurs de la vie.

Plutôt comme une pieuvre, mais une pieuvre étrange aux membres doux innombrables ;
Comme une anémone de mer nue, chair douce attachée au rocher,
Fleurissant du rocher avec une mystérieuse arrogance.

Let me sit down beneath the many-branching candelabrum
That lives upon this rock
And laugh at Time, and laugh at dull Eternity,
And make a joke of stale Infinity,
Within the flesh-scent of this wicked tree,
That has kept so many secrets up its sleeve,
And has been laughing through so many ages
At man and his uncomfortablenesses,
And his attempt to assure himself that what is so is not so,
Up its sleeve.

Let me sit down beneath this many-branching candelabrum,
The Jewish seven-branched, tallow-stinking candlestick kicked over the cliff
And all its tallow righteousness got rid of,
And let me notice it behave itself.

And watch it putting forth each time to heaven,
Each time straight to heaven,
With marvellous naked assurance each single twig.
Each one setting off straight to the sky
As if it were the leader, the main-stem, the forerunner,
Intent to hold the candle of the sun upon its socket-tip,
It alone.

Every young twig
No sooner issued sideways from the thigh of his predecessor
Than off he starts without a qualm

Laissez-moi m'asseoir sous le candélabre aux branches nombreuses
Qui vit sur ce rocher
Et rire du Temps et rire de la triste Éternité,
Et plaisanter sur l'Infini rassis,
Dans l'odeur charnelle de cet arbre pervers,
Qui a gardé par-devers lui tant de secrets,
Et qui a ri à travers tant d'âges
De l'homme et de ses embarras,
Et de sa tentative de se convaincre que ce qui est ainsi n'est pas ainsi,
Par-devers lui.

Laissez-moi m'asseoir sous ce candélabre aux branches nombreuses,
Le chandelier juif à sept branches puant le suif, balancé par-dessus la falaise,
Et délivré de toute cette rectitude de suif,
Et laissez-moi noter comment il se tient.

Et le regarder pousser chaque fois vers le ciel,
Chaque fois droit vers le ciel,
Avec une merveilleuse assurance nue, chaque branche pour elle-même,
Chacune partant droit vers le ciel
Comme si elle était le guide, le tronc, le précurseur,
Déterminée à porter le cierge allumé du soleil sur la bobèche de son bourgeon,
Elle seule.

Chaque jeune branche
Sitôt sortie des flancs de son prédécesseur
Sans scrupule se lance

To hold the one and only lighted candle of the sun in his socket-tip.
He casually gives birth to another young bud from his thigh,
Which at once sets off to be the one and only,
And hold the lighted candle of the sun.

Oh many-branching candelabrum, oh strange up-starting fig-tree,
Oh weird Demos, where every twig is the arch twig,
Each imperiously over-equal to each, equality over-reaching itself
Like the snakes on Medusa's head,
Oh naked fig-tree!

Still, no doubt every one of you can be the sun-socket as well as every other of you.
Demos, Demos, Demos!
Demon, too,
Wicked fig-tree, equality puzzle, with your self-conscious secret fruits.

Taormina.

Pour tenir le cierge, le seul cierge allumé du soleil, dans sa bobèche.
Puis, de son flanc désinvolte donner naissance à un autre bourgeon.
Qui sur-le-champ jaillit pour être le seul et l'unique,
À tenir le cierge radieux du soleil.

Ô candélabre aux branches nombreuses, ô étrange figuier dressé,
Ô mystérieux Démos, où chaque branche est la branche maîtresse,
Chacune impérieusement plus qu'égale à chacune, l'égalité se surpassant elle-même
Comme les serpents sur la tête de Méduse,
Ô figuier nu !

Pourtant il n'y a aucun doute, chacune de vous peut être bobèche du soleil aussi bien qu'une autre.
Démos, Démos, Démos !
Démon aussi,
Figuier pervers, énigme d'égalité, avec tes rougissants fruits secrets.

Taormina.

BARE ALMOND-TREES

Wet almond-trees, in the rain,
Like iron sticking grimly out of earth;
Black almond trunks, in the rain,
Like iron implements twisted, hideous, out of the earth,
Out of the deep, soft fledge of Sicilian winter-green,
Earth-grass uneatable,
Almond trunks curving blackly, iron-dark, climbing the slopes.

Almond-tree, beneath the terrace rail,
Black, rusted, iron trunk,
You have welded your thin stems finer,
Like steel, like sensitive steel in the air,
Grey, lavender, sensitive steel, curving thinly and brittly up in a parabola.

What are you doing in the December rain?
Have you a strange electric sensitiveness in your steel tips?
Do you feel the air for electric influences
Like some strange magnetic apparatus?

AMANDIERS NUS

Amandiers mouillés sous la pluie,
Comme du fer sailli farouchement de la terre ;
Troncs noirs d'amandiers sous la pluie,
Comme des outils de fer tordus, hideux, sortant de terre,
Venant du profond et tendre duvet du vert hivernal de la Sicile,
Herbe de terre, immangeable,
Troncs d'amandiers sombrement courbés, noir-acier, gravissant les pentes.

Amandier sous la terrasse,
Tronc métallique, noir, rouillé,
Vous avez soudé vos branches minces finement,
Comme de l'acier, de l'acier sensible dans l'air,
Gris, lavande, acier sensible se courbant mince et cassant en une parabole.

Que faites-vous sous la pluie de décembre ?
Avez-vous une étrange sensibilité électrique dans vos pointes d'acier,
Cherchez-vous dans l'air des influences électriques
Comme quelque étrange appareil magnétique ?

Do you take in messages, in some strange code,
From heaven's wolfish, wandering electricity, that prowls so constantly round Etna?
Do you take the whisper of sulphur from the air?
Do you hear the chemical accents of the sun?
Do you telephone the roar of the waters over the earth?
And from all this, do you make calculations?

Sicily, December's Sicily in a mass of rain
With iron branching blackly, rusted like old, twisted implements
And brandishing and stooping over earth's wintry fledge, climbing the slopes
Of uneatable soft green!

Taormina.

Recevez-vous des messages dans un code étrange,
De l'électricité rapace et vagabonde du ciel, celle qui rôde constamment autour de l'Etna ?
Percevez-vous le murmure secret du soufre dans l'air ?
Entendez-vous les accents chimiques du soleil ?
Téléphonez-vous le rugissement de l'eau autour de la terre ?
Et avec toutes ces informations vous livrez-vous à des calculs ?

Sicile, Sicile de décembre sous les trombes de pluie
Avec des branches de fer, noires et rouillées comme des outils vieux et tordus,
Brandis et inclinés au-dessus de la terre hivernale, gravissant les pentes
D'un vert tendre immangeable !

Taormina.

SICILIAN CYCLAMENS

When he pushed his bush of black hair off his brow :
When she lifted her mop from her eyes, and screwed it in a knob behind
—O act of fearful temerity !
When they felt their foreheads bare, naked to heaven, their eyes revealed :
When they felt the light of heaven brandishing like a knife at their defenceless eyes,
And the sea like a blade at their face,
Mediterranean savages :
When they came out, face-revealed, under heaven, from the shaggy undergrowth of their own hair
For the first time,
They saw tiny rose cyclamens between their toes, growing
Where the slow toads sat brooding on the past.

Slow toads, and cyclamen leaves
Stickily glistening with eternal shadow
Keeping to earth.
Cyclamen leaves

CYCLAMENS DE SICILE

Quand il eut repoussé le buisson de cheveux noirs de son front ;
Quand elle eut dégagé ses yeux de sa tignasse, et l'eut tordue en chignon
— Ô redoutable témérité !
Quand ils eurent senti leurs fronts libérés, nus vers le ciel, leurs yeux révélés ;
Quand ils eurent senti la lumière du ciel grandi comme un couteau devant leurs yeux sans défense,
Et la mer telle une lame à leur visage,
Sauvages méditerranéens ;
Quand ils furent sortis, la face révélée sous le ciel, du maquis touffu de leur propre chevelure
Pour la première fois,
Ils virent de minuscules cyclamens roses pousser entre leurs orteils
Où les lents crapauds étaient assis, ruminant le passé.

Crapauds lents et feuilles de cyclamens
Gluantes, luisant d'ombres éternelles
Adhérant à la terre.
Feuilles de cyclamen

Toad-filmy, earth-iridescent
Beautiful
Frost-filigreed
Spumed with mud
Snail-nacreous
Low down.

The shaking aspect of the sea
And man's defenceless bare face
And cyclamens putting their ears back.
Long, pensive, slim-muzzled greyhound buds
Dreamy, not yet present,
Drawn out of earth
At his toes.
Dawn-rose
Sub-delighted, stone-engendered
Cyclamens, young cyclamens
Arching
Waking, pricking their ears
Like delicate very-young greyhound bitches
Half-yawning at the open, inexperienced
Vista of day,
Folding back their soundless petalled ears.

Greyhound bitches
Bending their rosy muzzles pensive down,
And breathing soft, unwilling to wake to the new day
Yet sub-delighted.

Ah Mediterranean morning, when our world began!
Far-off Mediterranean mornings,
Pelasgic faces uncovered,
And unbudding cyclamens.

Pellicules de crapaud, iridescences de terre
Magnifiques
Filigranées de gel
Éclaboussées de boue
Nacrées d'escargot
Au plus bas.

Le frémissement de la mer
Et le visage sans défense de l'homme
Et les cyclamens repliant leurs oreilles
Longs et pensifs bourgeons de lévriers aux fins museaux
Rêveurs, pas encore présents,
Tirés de la terre
Devant ses orteils.
Rose-aurore
Subtils délices, engendrés par la pierre
Cyclamens, jeunes cyclamens
Cambrés
S'éveillant, dressant les oreilles
Levrettes jaunes et délicates
Bâillant à demi à l'ouverture neuve
de l'échappée du jour,
Repliant leurs silencieuses oreilles à pétales.

Levrettes
Penchant leurs museaux roses pensivement,
Et respirant doucement, peu désireuses de s'éveiller au jour nouveau
Pourtant pleines de subtils délices.

Oh, matins de Méditerranée, commencement de notre monde !
Matins lointains de Méditerranée,
Visages pélagiques découverts,
Et boutons de cyclamens qui s'ouvrent.

The hare suddenly goes uphill
Laying back her long ears with unwinking bliss.

And up the pallid, sea-blenched Mediterranean stone-slopes
Rose cyclamen, ecstatic fore-runner!
Cyclamens, ruddy-muzzled cyclamens
In little bunches like bunches of wild hares
Muzzles together, ear-aprick,
Whispering witchcraft
Like women at a well, the dawn-fountain.

Greece, and the world's morning
Where all the Parthenon marbles still fostered the roots of the cyclamen.
Violets
Pagan, rosy-muzzled violets
Autumnal
Dawn-pink,
Dawn-pale
Among squat toad-leaves sprinkling the unborn
Erechtheion marbles.

Taormina.

Le lièvre soudain monte la colline
Repliant ses longues oreilles avec un bonheur que rien ne trouble.

Et monte les grèves pierreuses blanchies d'écume de la Méditerranée
Cyclamens roses, avant-coureurs extatiques,
Cyclamens, cyclamens aux museaux rougeoyants
Par petites grappes comme des grappes de lièvres sauvages
Museau contre museau, oreilles à l'affût
Chuchotements de sorcellerie
Comme des femmes à la source, à la source d'aube.

La Grèce, et le matin du monde
Où tous les marbres du Parthénon nourrissaient encore des racines de cyclamens.
Violettes
Violettes païennes aux museaux roses
Automnales
Rose-aurore,
Aurore-pâle
Parmi les feuilles-crapauds accroupies parsemant les marbres
Non encore nés de l'Érechthéion.

Taormina.

ST MARK

There was a lion in Judah
Which whelped, and was Mark.

But winged.
A lion with wings.
At least at Venice
Even as late as Daniele Manin.

Why should he have wings?
Is he to be a bird also?
Or a spirit?
Or a winged thought?
Or a soaring consciousness?

Evidently he is all that,
The lion of the spirit.
Ah, Lamb of God,
Would a wingless lion lie down before Thee, as this winged lion lies?

The lion of the spirit.

SAINT MARC

Il y eut un lion dans Juda
Qui mit bas et c'était Marc.

Mais ailé.
Un lion avec des ailes.
Du moins à Venise.
Même aussi tardivement que Daniel Manin.

Pourquoi des ailes ?
Doit-il être aussi oiseau ?
Ou esprit ?
Ou pensée ailée ?
Ou conscience élevée ?

Évidemment il est tout cela,
Le lion de l'esprit.
Ah, Agneau de Dieu,
Un lion sans ailes s'étendrait-il devant Toi comme s'étend ce
lion ailé ?

Le lion de l'esprit.

Once he lay in the mouth of a cave
And sunned his whiskers,
And lashed his tail slowly, slowly
Thinking of voluptuousness
Even of blood.

But later, in the sun of the afternoon,
Having tasted all there was to taste, and having slept his fill
He fell to frowning, as he lay with his head on his paws
And the sun coming in through the narrowest fibril of a slit in his eyes.

So, nine-tenths asleep, motionless, bored, and statically angry,
He saw in a shaft of light a lamb on a pinnacle, balancing a flag on its paw,
And he was thoroughly startled.

Going out to investigate
He found the lamb beyond him, on the inaccessible pinnacle of light.
So he put his paw to his nose, and pondered.

"Guard my sheep," came the silvery voice from the pinnacle,
"And I will give thee the wings of the morning."
So the lion of the senses thought it was worth it.

Hence he became a curly sheep-dog with dangerous propensities,
As Carpaccio will tell you :
Ramping round, guarding the flock of mankind,
Sharpening his teeth on the wolves,

Une fois, couché à l'entrée d'une grotte
Il chauffait ses moustaches au soleil,
Il balançait sa queue lentement, lentement
Rêvant de volupté
Et même de sang.

Mais plus tard dans le soleil de l'après-midi,
Ayant goûté à tout ce qui était à goûter et eu son plein de sommeil
Il se renfrogna, couché comme il était, la tête sur ses pattes,
Et le soleil filtrant à travers la plus petite fibrille d'une fente dans ses yeux.

Alors presque endormi, immobile, ennuyé et plein d'une colère statique
Il vit dans un rai de lumière un agneau sur un pignon, balançant dans sa patte un drapeau,
Et il fut tout abasourdi.

Sortant alors pour enquêter,
Il trouva l'agneau sur l'inaccessible pignon de lumière.
Alors il posa sa patte sur son nez et réfléchit.

« Garde mes moutons », dit une voix argentée descendant du pignon,
« Et je te donnerai les ailes du matin ».
Alors le lion des voluptés pensa que cela valait la peine.

Dès lors il devint un chien de berger, frisé, aux dangereux penchants,
Comme Carpaccio vous le dira :
Galopant en rond, gardant le troupeau de l'humanité,
S'aiguisant les dents sur les loups,

Ramping up through the air like a kestrel
And lashing his tail above the world
And enjoying the sensation of heaven and righteousness and voluptuous wrath.
There is a new sweetness in his voluptuously licking his paw
Now that it is a weapon of heaven.
There is a new ecstasy in his roar of desirous love
Now that it sounds self-conscious through the unlimited sky.
He is well aware of himself
And he cherishes voluptuous delights, and thinks about them
And ceases to be a blood-thirsty king of beasts
And becomes the faithful sheep-dog of the Shepherd, thinking of his voluptuous pleasure of chasing the sheep to the fold
And increasing the flock, and perhaps giving a real nip here and there, a real pinch, but always well meant.

And somewhere there is a lioness,
The she-mate.
Whelps play between the paws of the lion,
The she-mate purrs,
Their castle is impregnable, their cave,
The sun comes in their lair, they are well-off,
A well-to-do family.

Then the proud lion stalks abroad alone,
And roars to announce himself to the wolves
And also to encourage the red-cross Lamb
And also to ensure a goodly increase in the world.

S'agitant dans l'air comme un émouchet,
Faisant claquer sa queue sur le monde
Et jouissant de la sensation des cieux, de la justice et de la voluptueuse colère.
Il y a une nouvelle douceur dans sa façon voluptueuse de se lécher la patte
Maintenant que c'est une arme des cieux.
Il y a une extase nouvelle dans son rugissement de désir amoureux
Maintenant qu'il retentit plein de superbe dans le ciel sans limite.
Il est très conscient de lui-même
Et il se nourrit de délices voluptueuses et il y réfléchit
Et il n'est plus le roi des animaux assoiffé de sang
Et il devient le loyal chien du berger pensant au plaisir voluptueux de rentrer les moutons dans la bergerie.
Et d'accroître son troupeau et peut-être de donner une vraie morsure par-ci par-là, un vrai pinçon, mais toujours bien intentionné.

Et quelque part est une lionne,
La compagne.
Les lionceaux jouent entre les pattes du lion,
La compagne ronronne,
Leur château est invulnérable, leur grotte,
Le soleil pénètre dans leur repaire, ils sont dans l'aisance,
Une famille comme il faut.

Puis le fier lion file seul à l'étranger,
Et rugit pour se faire reconnaître des loups
Et aussi pour encourager l'Agneau de la croix-rouge
Et aussi pour s'assurer de bons revenus dans le monde.

Look at him, with his paw on the world
At Venice and elsewhere
Going blind at last.

Regardez-le, avec sa patte sur le monde
À Venise et ailleurs.
Devenant aveugle à la fin.

ST JOHN

John, oh John,
Thou honourable bird,
Sun-peering eagle.

Taking a bird's-eye view
Even of Calvary and Resurrection
Not to speak of Babylon's whoredom.

High over the mild effulgence of the dove
Hung all the time, did we but know it, the all-knowing shadow
Of John's great gold-barred eagle.

John knew the whole proposition.
Even the very beginning.

"In the beginning was the Word
And the Word was God
And the Word was with God."

Having been to school
John knew the whole proposition.

SAINT JEAN

Jean, ô Jean
Honorable oiseau,
Aigle scrutateur du soleil.

Regardant de très haut
Même le calvaire et la Résurrection
Pour ne point parler de la prostitution de Babylone.

Au-dessus de la douce splendeur de la colombe
Fut suspendue depuis toujours, le savions-nous seulement,
l'ombre omnisciente
Du grand aigle rayé d'or de Jean.

Jean savait toute l'affaire.
Même l'extrême commencement.

« Au commencement était la Parole
Et la Parole était Dieu
Et la Parole était avec Dieu. »

Ayant été à l'école
Jean savait toute l'affaire.

As for innocent Jesus
He was one of Nature's phenomena, no doubt.

Oh that mind-soaring eagle of an Evangelist
Staring creation out of countenance
And telling it off
As an eagle staring down on the Sun!

The Logos, the Logos!
"In the beginning was the Word."

Is there not a great Mind pre-ordaining?
Does not a supreme Intellect ideally procreate the Universe?
Is not each soul a vivid thought in the great consciousness stream of God?

Put salt on his tail
The sly bird of John.

Proud intellect, high-soaring Mind
Like a king eagle, bird of the most High, sweeping the round of heaven
And casting the cycles of creation
On two wings, like a pair of compasses;
Jesus' pale and lambent dove, cooing in the lower boughs
On sufferance.

In the beginning was the Word, of course.
And the word was the first offspring of the almighty Johannine mind,
Chick of the intellectual eagle.

Quant à l'innocent Jésus
Il était, pas de doute, un phénomène de la nature.

Ô cet aigle faisant planer l'esprit d'un évangéliste
Dévisageant la création avec assurance
Et la remettant à sa place
Comme un aigle fixant d'en haut le soleil !

Le Logos, le Logos !
« Au commencement était la Parole. »

N'existe-t-il pas un grand Esprit préordonnant ?
Une intelligence suprême n'a-t-elle pas engendré idéalement l'Univers ?
Chaque âme n'est-elle pas une pensée vive dans le grand courant de la conscience de Dieu ?

Mettez du sel sur la queue
De l'oiseau rusé de Jean.

Intelligence fière, Esprit planant haut
Tel un aigle roi, oiseau du Très-Haut, balayant la voûte du ciel
Et traçant les cycles de la création
De ses deux ailes comme une paire de compas ;
La pâle et chatoyante colombe de Jésus, roucoulant sur les branches les plus basses
Par tolérance.

Au commencement était la Parole, bien sûr.
Et la parole fut le premier rejeton de l'esprit johannique omnipotent,
Poussin de l'aigle intellectuel.

Yet put salt on the tail of the Johannine bird
Put salt on its tail
John's eagle.

Shoo it down out of the empyrean
Of the all-seeing, all-fore-ordaining ideal.
Make it roost on bird-spattered, rocky Patmos
And let it moult there, among the stones of the bitter sea.

For the almighty eagle of the fore-ordaining Mind
Is looking rather shabby and island-bound these days :
Moulting, and rather naked about the rump, and down in the beak,
Rather dirty, on dung-whitened Patmos.

From which we are led to assume
That the old bird is weary, and almost willing
That a new chick should chip the extensive shell
Of the mundane egg.

The poor old golden eagle of the word-fledged spirit
Moulting and moping and waiting, willing at last
For the fire to burn it up, feathers and all,
So that a new conception of the beginning and end
Can rise from the ashes.

Ah Phœnix, Phœnix,
John's Eagle!
You are only known to us now as the badge of an insurance Company.

Phœnix, Phœnix,
The nest is in flames,

Pourtant mettez du sel sur la queue de l'oiseau johannique
Mettez du sel sur la queue
De l'aigle de Jean.

Chassez-le hors de l'empyrée
De l'idéal prévoyant tout et préordonnant.
Perchez-le sur ce rocher à oiseau de Patmos
Et laissez-le muer là, parmi les pierres de l'eau amère.

Car l'aigle tout-puissant de l'Esprit préordonnant
A l'air plutôt miteux et insulaire ces temps-ci ;
Muant et plutôt dénué du croupion, et le bec pendant,
Plutôt sale, sur Patmos blanchi de fiente.

De cela nous pouvons supposer
Que le vieil oiseau est fatigué et voudrait presque
Qu'un nouveau poussin puisse fendiller la grande coquille
De l'œuf du monde.

Le pauvre vieil aigle doré de l'esprit emplumé de mots
Muant et hébété et désœuvré, désirant à la fin
Un feu qui le brûle tout entier, plumes et le reste
Pour qu'une nouvelle conception du commencement et de la fin
Puisse naître de ses cendres.

Ah ! Phénix, Phénix,
Aigle de Jean !
Vous êtes seulement connu de nous comme emblème d'une Compagnie d'assurances.

Phénix, Phénix,
Le nid est en flammes,

Feathers are singeing,
Ash flutters flocculent, like down on a blue, wan fledgeling.

San Gervasio.

Les plumes grésillent,
La cendre floconneuse flotte comme un duvet sur un bleu et blême oisillon.

San Gervasio.

SNAKE

A snake came to my water-trough
On a hot, hot day, and I in pyjamas for the heat,
To drink there.

In the deep, strange-scented shade of the great dark carob-tree
I came down the steps with my pitcher
And must wait, must stand and wait, for there he was at the trough before me.

He reached down from a fissure in the earth-wall in the gloom
And trailed his yellow-brown slackness soft-bellied down, over the edge of the stone trough
And rested his throat upon the stone bottom,
And where the water had dripped from the tap, in a small clearness,
He sipped with his straight mouth,
Softly drank through his straight gums, into his slack long body,
Silently.

SERPENT

Un serpent vint à mon abreuvoir
Un jour brûlant, et moi en pyjama à cause de la chaleur,
Pour y boire.

Dans l'ombre épaisse du parfum étrange du grand caroubier noir
Je descendais les marches avec ma cruche
Et dus attendre, m'arrêter et attendre, parce qu'il était là à l'abreuvoir avant moi.

Il glissa d'une fente du mur de terre dans la pénombre
Et traîna sa nonchalance brun-jaune au ventre mou sur le bord de l'abreuvoir de pierre
Et reposa sa gorge sur le fond de pierre,
Et là où l'eau coulait du robinet goutte à goutte dans une mince transparence,
Il aspira de sa bouche droite
Laissant doucement l'eau, au travers de ses gencives droites glisser dans son long corps nonchalant,
Silencieusement.

Someone was before me at my water-trough,
And I, like a second comer, waiting.

He lifted his head from his drinking, as cattle do,
And looked at me vaguely, as drinking cattle do,
And flickered his two-forked tongue from his lips, and mused a moment,
And stooped and drank a little more,
Being earth-brown, earth-golden from the burning bowels of the earth
On the day of Sicilian July, with Etna smoking.

The voice of my education said to me
He must be killed,
For in Sicily the black, black snakes are innocent, the gold are venomous.

And voices in me said, If you were a man
You would take a stick and break him now, and finish him off.

But must I confess how I liked him,
How glad I was he had come like a guest in quiet, to drink at my water-trough
And depart peaceful, pacified, and thankless,
Into the burning bowels of this earth?

Was it cowardice, that I dared not kill him?
Was it perversity, that I longed to talk to him?
Was it humility, to feel so honoured?
I felt so honoured.

And yet those voices:
If you were not afraid, you would kill him!

Quelqu'un était venu avant moi à mon abreuvoir
Et moi, arrivé en second, j'attendais.

Il releva la tête comme fait le bétail,
Et me regarda vaguement, comme le bétail qui boit,
Et sa langue fourchue pulsa entre ses lèvres et il rêva un
moment,
Et se pencha et à nouveau but un peu,
Brun de terre, or de terre, extrait des entrailles brûlantes de
la terre
Un jour de juillet sicilien quand fumait l'Etna.

La voix de mon éducation me dit :
Il doit être tué,
Car en Sicile, les serpents noirs, noirs sont innocents, les
dorés venimeux.

Et en moi les voix disaient : si tu étais un homme
Tu prendrais un bâton pour le briser et en finir.

Mais dois-je confesser combien je l'aimais,
Comme j'étais heureux qu'il soit venu ainsi en hôte paisible,
boire à mon abreuvoir
Puis retourne, apaisé et ingrat,
Dans les entrailles brûlantes de cette terre ?

Était-ce lâcheté de n'avoir pas osé le tuer ?
Était-ce perversité cette envie de lui parler ?
Était-ce humilité de me sentir si honoré ?
Je me sentais si honoré.

Et pourtant ces voix :
Si tu n'avais pas peur tu le tuerais !

And truly I was afraid, I was most afraid,
But even so, honoured still more
That he should seek my hospitality
From out the dark door of the secret earth.

He drank enough
And lifted his head, dreamily, as one who has drunken,
And flickered his tongue like a forked night on the air, so black;
Seeming to lick his lips,
And looked around like a god, unseeing, into the air,
And slowly turned his head,
And slowly, very slowly, as if thrice adream,
Proceeded to draw his slow length curving round
And climb again the broken bank of my wall-face.

And as he put his head into that dreadful hole,
And as he slowly drew up, snake-easing his shoulders, and entered farther,
A sort of horror, a sort of protest against his withdrawing into that horrid black hole,
Deliberately going into the blackness, and slowly drawing himself after,
Overcame me now his back was turned.

I looked round, I put down my pitcher,
I picked up a clumsy log
And threw it at the water-trough with a clatter.

I think it did not hit him,
But suddenly that part of him that was left behind convulsed in undignified haste,

C'est vrai, j'avais peur, j'avais très peur,
Mais plus encore je me sentais honoré
Qu'il ait demandé mon hospitalité
Sitôt sorti de la porte sombre de la terre secrète.

Il but son content
Et leva la tête, rêveusement, comme quelqu'un d'un peu soûl,
Et balança sa langue comme une nuit fourchue dans l'air, si noire,
Semblant lécher ses lèvres,
Et regarda autour de lui, comme un dieu, sans voir, en l'air.
Et lentement tourna la tête,
Et lentement, très lentement, comme en un triple rêve
Commença à courber sa lente longueur
Et à remonter le long de mon mur fissuré.

Et comme il entrait sa tête dans cet horrible trou,
Comme lentement il se hissait, dans une lente reptation des épaules, et se glissait plus avant,
Une sorte d'horreur, une sorte de protestation contre sa retraite dans l'horrible trou noir,
Allant délibérément dans l'obscurité, se tirant lentement à sa suite,
Maintenant qu'il m'avait tourné le dos, me submergea.

Je regardai autour de moi, posai ma cruche,
Saisis une lourde bûche,
Et la jetai avec fracas sur l'abreuvoir.

Je ne pense pas l'avoir touché,
Mais soudainement, tout ce qui de lui était encore dehors se convulsa en une hâte peu digne,

Writhed like lightning, and was gone
Into the black hole, the earth-lipped fissure in the wall-front,
At which, in the intense still noon, I stared with fascination.

And immediately I regretted it.
I thought how paltry, how vulgar, what a mean act !
I despised myself and the voices of my accursed human education.

And I thought of the albatross,
And I wished he would come back, my snake.

For he seemed to me again like a king,
Like a king in exile, uncrowned in the underworld,
Now due to be crowned again.

And so, I missed my chance with one of the lords
Of life.
And I have something to expiate ;
A pettiness.

Taormina.

Se tordit comme un éclair et disparut
Dans le trou noir, dans cette bouche de terre fissurée du mur,
Que je regardais fasciné dans la calme intensité de midi.

Et aussitôt j'ai regretté.
J'ai pensé : quel acte lâche, vulgaire, mesquin !
Je me méprisais, moi et les voix de mon éducation détestable.

Et j'ai pensé à l'albatros,
Et désirais qu'il revienne, mon serpent.

Car à nouveau il me semblait être comme un roi,
Un roi en exil, sans couronne, dans le monde souterrain,
Prêt à être couronné à nouveau.

Et ainsi je suis passé à côté de l'un des seigneurs
De la vie.
Et j'ai quelque chose à expier ;
Une mesquinerie.

Taormina.

BABY TORTOISE

You know what it is to be born alone,
Baby tortoise!

The first day to heave your feet little by little from the shell,
Not yet awake,
And remain lapsed on earth,
Not quite alive.

A tiny, fragile, half-animate bean.

To open your tiny beak-mouth, that looks as if it would never open,
Like some iron door;
To lift the upper hawk-beak from the lower base
And reach your skinny little neck
And take your first bite at some dim bit of herbage,
Alone, small insect,
Tiny bright-eye,
Slow one.

BÉBÉ TORTUE

Tu sais ce que c'est que de naître seul
Bébé tortue !

Le premier jour tu dégages tes pattes peu à peu de la
coquille,
Pas encore éveillée,
Et encore déchue sur terre,
Pas tout à fait vivante.

Une fève minuscule, fragile, à demi animée.

Pour ouvrir ta bouche-bec minuscule qui semble ne jamais
pouvoir s'ouvrir
Comme une porte de fer ;
Pour lever la mandibule supérieure de ton bec de faucon
Et tendre ton petit cou maigre
Et prendre ta première bouchée d'herbe triste,
Seule, petit insecte,
Minuscule œil brillant,
Lent.

To take your first solitary bite
And move on your slow, solitary hunt.
Your bright, dark little eye,
Your eye of a dark disturbed night,
Under its slow lid, tiny baby tortoise,
So indomitable.

No one ever heard you complain.

You draw your head forward, slowly, from your little wimple
And set forward, slow-dragging, on your four-pinned toes,
Rowing slowly forward.
Whither away, small bird?
Rather like a baby working its limbs,
Except that you make slow, ageless progress
And a baby makes none.

The touch of sun excites you,
And the long ages, and the lingering chill
Make you pause to yawn,
Opening your impervious mouth,
Suddenly beak-shaped, and very wide, like some suddenly gaping pincers;
Soft red tongue, and hard thin gums,
Then close the wedge of your little mountain front,
Your face, baby tortoise.

Do you wonder at the world, as slowly you turn your head in its wimple
And look with laconic, black eyes?
Or is sleep coming over you again,
The non-life?

Pour prendre ta première bouchée solitaire
Et poursuivre ta lente chasse solitaire.
Ton petit œil sombre, luisant,
Ton œil de nuit sombre et troublé,
Sous la lente paupière, minuscule bébé tortue,
Si indomptable.

Nul ne t'a jamais entendue te plaindre.

Tu pousses ta tête en avant, doucement hors de sa guimpe
Et te voilà en route, traînant doucement sur les quatre pointes de tes pattes,
Ramant lentement vers l'avant.
Vers quoi, petit oiseau ?
Plutôt l'air d'un bébé exerçant ses membres,
Sauf que tu fais des progrès sans âge, infinis,
Et un bébé n'en fait pas.

L'attouchement du soleil t'excite,
La longueur des siècles et le frisson persistant
Font que tu t'arrêtes et bâilles,
Ouvrant ta bouche impénétrable,
Soudain modelée comme un bec et très large, soudain comme des pinces ouvertes ;
Une langue rouge et tendre, des gencives dures et minces,
Et tu fermes l'ouverture de ton petit flanc de montagne,
Ta face, bébé tortue.

T'étonnes-tu du monde quand tu tournes doucement ta tête hors de sa guimpe
Et regardes de tes yeux noirs laconiques ?
Ou le sommeil te submerge-t-il de nouveau,
Le non-être ?

You are so hard to wake.

Are you able to wonder ?
Or is it just your indomitable will and pride of the first life
Looking round
And slowly pitching itself against the inertia
Which had seemed invincible ?

The vast inanimate,
And the fine brilliance of your so tiny eye,
Challenger.

Nay, tiny shell-bird,
What a huge vast inanimate it is, that you must row against,
What an incalculable inertia.

Challenger,
Little Ulysses, fore-runner,
No bigger than my thumb-nail,
Buon viaggio.

All animate creation on your shoulder,
Set forth, little Titan, under your battle-shield.

The ponderous, preponderate,
Inanimate universe ;
And you are slowly moving, pioneer, you alone.

How vivid your travelling seems now, in the troubled sunshine,
Stoic, Ulyssean atom ;
Suddenly hasty, reckless, on high toes.

Tu es si difficile à réveiller.

Es-tu capable de t'étonner ?
Ou est-ce seulement ta volonté indomptable, l'orgueil de la vie première
Regardant à l'entour
Et peu à peu affrontant l'inertie
Qui semblait être invincible ?

Le vaste inanimé,
Et le bel éclat de ton œil minuscule,
Provocateur.

Et même, petit oiseau-coquille,
Qu'il est immense l'inanimé contre lequel tu dois ramer,
Quelle incalculable inertie.

Provocateur,
Petit Ulysse, précurseur,
Pas plus grand que l'ongle de mon pouce,
Buon viaggio.

Toute la création animée sur tes épaules,
Va, petit Titan, sous ta cuirasse de combattant.

L'univers inanimé
Écrasant, prépondérant ;
Et tu te meus lentement, pionnier solitaire.

Comme ton voyage semble vif maintenant, dans le soleil trouble,
Atome ulysséen, stoïque ;
Soudain hâtif, téméraire, haut sur pattes.

Voiceless little bird,
Resting your head half out of your wimple
In the slow dignity of your eternal pause.
Alone, with no sense of being alone,
And hence six times more solitary;
Fulfilled of the slow passion of pitching through immemorial ages
Your little round house in the midst of chaos.

Over the garden earth,
Small bird,
Over the edge of all things.

Traveller,
With your tail tucked a little on one side
Like a gentleman in a long-skirted coat.

All life carried on your shoulder,
Invincible fore-runner.

Petit oiseau sans voix,
Reposant ta tête à moitié sortie de ta guimpe
Dans la lente dignité de ton repos éternel.
Solitaire, sans ressentir la solitude,
Donc six fois plus solitaire ;
Comblée par la lente passion de dresser à travers les temps immémoriaux
Ta petite maison ronde au milieu du chaos.

Par-dessus le terreau du jardin,
Petit oiseau,
Par-dessus le bord de toute chose.

Voyageur,
Avec ta queue repliée un peu de côté
Comme un gentleman en habit à longues basques.

Toute vie portée sur tes épaules,
Précurseur invincible.

MEN IN NEW MEXICO

Mountains blanket-wrapped
Round a white hearth of desert—

While the sun goes round
And round and round the desert,
The mountains never get up and walk about.
They can't, they can't wake.

They camped and went to sleep
In the last twilight
Of Indian gods;
And they can't wake.

Indians dance and run and stamp—
No good.
White men make gold-mines and the mountains unmake them
In their sleep.

The Indians laugh in their sleep
From fear,

LES HOMMES AU NOUVEAU-MEXIQUE

Montagnes enveloppées de couvertures
Autour de l'âtre blanc du désert —

Quand le soleil tourne
Et tourne au-dessus du désert,
Les montagnes ne se dressent ni ne marchent.
Elles ne peuvent pas, elles ne peuvent s'éveiller.

Elles ont fait leur camp et s'endorment
Dans le dernier crépuscule
Des dieux indiens ;
Et ne peuvent se réveiller.

Les Indiens dansent et courent et frappent des pieds —
Mauvais.
Les hommes blancs font les mines d'or, et les montagnes les
défont
Dans leur sommeil.

Les Indiens rient dans leur sommeil,
De peur.

Like a man when he sleeps and his sleep is over, and he can't wake up,
And he lies like a log and screams and his scream is silent
Because his body can't wake up;
So he laughs from fear, pure fear, in the grip of the sleep.

A dark membrane over the will, holding a man down
Even when the mind has flickered awake;
A membrane of sleep, like a black blanket.

We walk in our sleep, in this land,
Somnambulist wide-eyed afraid.

We scream for someone to wake us
And our scream is soundless in the paralysis of sleep,
And we know it.

The Penitentes lash themselves till they run with blood
In their efforts to come awake for one moment;
To tear the membrane of this sleep...
No good.

The Indians thought the white man would awake them...
And instead, the white men scramble asleep in the mountains,
And ride on horseback asleep forever through the desert,
And shoot one another, amazed and mad with somnambulism,
Thinking death will awaken something...
No good.

Comme un homme qui dort et son sommeil se termine et il ne peut se réveiller ;
Et il reste comme une bûche, et hurle, et son cri est silencieux
Parce que son corps ne peut s'éveiller ;
Alors il rit de peur, de pure peur, dans l'étreinte du sommeil.

Une membrane noire couvre la volonté, maintenant un homme à terre
Même quand l'éveil effleure l'esprit
Une membrane de sommeil, comme une noire couverture.

Nous marchons dans notre sommeil sur cette terre,
Somnambules aux larges yeux effrayés.

Nous crions pour que quelqu'un nous réveille
Et notre cri est silencieux dans la paralysie du sommeil,
Et nous le savons.

Les Pénitents se fouettent jusqu'au sang
Dans leur effort de rester éveillés un moment ;
Pour déchirer la membrane de ce sommeil…
Mauvais.

Les Indiens pensaient que l'homme blanc les réveillerait…
Mais les hommes blancs grimpent endormis sur les montagnes,
Et galopent endormis à jamais à travers le désert,
Et se tirent les uns sur les autres, somnambules stupéfiés et fous,
Imaginant que la mort réveillerait quelque chose…
Mauvais.

Born with a caul,
A black membrane over the face,
And unable to tear it,
Though the mind is awake.

Mountains blanket-wrapped
Round the ash-white hearth of the desert;
And though the sun leaps like a thing unleashed in the sky
They can't get up, they are under the blanket.

Taos.

Né avec une taie,
Une membrane noire sur le visage,
Et incapables de la déchirer,
Bien que l'esprit soit éveillé.

Montagnes enveloppées de couvertures
Autour de l'âtre blanc du sable du désert,
Et bien que le soleil bondisse comme lâché dans le ciel
Elles ne peuvent se lever, elles sont prises sous la couverture.

Taos.

Pensées

Pansies

TO LET GO OR TO HOLD ON—?

Shall we let go,
and allow the soul to find its level
downwards, ebbing downwards, ebbing downwards to the flood?
till the head floats tilted like a bottle forward tilted
on the sea, with no message in it; and the body submerged
heavy and swaying like a whale recovering
from wounds, below the deep black wave?
like a whale recovering its velocity and strength
under the cold black wave.

Or else, or else
shall a man brace himself up
and lift his face and set his breast
and go forth to change the world?
gather his will and his energy together
and fling himself in effort after effort
upon the world, to bring a change to pass?

Tell me first, O tell me,
will the dark flood of our day's annihilation

TENIR BON OU ABANDONNER ?

Devons-nous abandonner,
et laisser l'âme trouver son niveau
vers le bas, refluant, refluant jusqu'au raz de marée ?
jusqu'à ce que la tête flotte penchée, penchée comme une
bouteille à la mer, sans message ; et le corps submergé
lourd et chancelant comme une baleine guérissant de ses
blessures
sous l'épaisse vague noire ?
Comme une baleine retrouvant sa force et son agilité
sous la froide vague noire.

Ou bien, ou bien
l'homme doit-il s'accrocher
et lever son visage et redresser son torse
et aller de l'avant pour changer le monde ?
rassembler son énergie et sa volonté
et d'effort en effort
se jeter contre le monde pour le changer ?

Dites-moi d'abord, Ô dites-moi,
le flot noir de notre anéantissement du jour

swim deeper, deeper, till it leaves no peak emerging?
Shall we be lost, all of us
and gone like weed, like weed, like eggs of fishes,
like sperm of whales, like germs of the great dead past
into which the creative future shall blow strange, unknown forms?

Are we nothing, already, but the lapsing of a great dead past?
Is the best that we are but sperm, loose sperm, like the sperm of fishes
that drifts upon time and chaos, till some unknown future takes it up
and is fecund with a new Day of new creatures? different from us.

Or is our shattered Argosy, our leaking ark
at this moment scraping tardy Ararat?
Have we got to get down and clear away the debris
of a swamped civilization, and start a new world of man
that will blossom forth the whole of human nature?

Must we hold on, hold on
and go ahead with what is human nature
and make a new job of the human world?

Or can we let it go?
O, can we let it go,
and leave it to some nature that is more than human
to use the sperm of what's worth while in us

plongera-t-il de plus en plus profond, jusqu'à ne laisser émerger nul sommet ?
Serons-nous perdus, tous perdus
et dispersés comme de mauvaises herbes, des œufs de poisson,
comme le sperme des baleines, comme les germes du grand passé mort
dans lequel l'avenir créateur insufflera d'étranges formes inconnues ?

Ne sommes-nous rien déjà, que l'échéance d'un grand passé mort ?
Le mieux que nous ayons, est-ce seulement du sperme, dispersé comme la laitance des poissons
qui dérive dans le temps et dans le chaos jusqu'à ce qu'un avenir inconnu s'en saisisse
porteur d'un Jour nouveau de nouvelles créatures différentes de nous ?

Ou bien notre caraque délabrée, notre arche qui prend l'eau
racle-t-elle en ce moment un tardif Ararat ?
Devons-nous descendre et nettoyer les débris
d'une civilisation engloutie et commencer un nouveau monde pour l'homme
où s'épanouirait toute la nature humaine ?

Devons-nous tenir, tenir bon
et avancer avec ce qu'est la nature humaine
et faire un nouvel emploi de ce monde humain ?

Ou pouvons-nous abandonner ?
Ô pouvons-nous abandonner,
et laisser la place à une nature qui est plus que l'homme
pour qu'elle utilise le sperme de ce qui vaut la peine en nous

and thus eliminate us ?
Is the time come for humans
now to begin to disappear,
leaving it to the vast revolutions of creative chaos
to bring forth creatures that are an improvement on humans,
as the horse was an improvement on the ichthyosaurus ?
Must we hold on ?
Or can we now let go ?

Or is it even possible we must do both ?

et ainsi nous élimine ?
Le temps est-il venu pour les hommes maintenant
de commencer à disparaître,
laissant aux grandes révolutions du chaos créateur
de faire naître des créatures qui soient une amélioration de l'homme,
comme le cheval le fut de l'ichtyosaure ?
Devons-nous tenir ?
Ou pouvons-nous abandonner maintenant ?

Ou est-il possible même que nous devions faire les deux ?

DESTINY

O destiny, destiny,
do you exist, and can a man touch your hand?
O destiny
if I could see your hand, and it were thumbs down,
I would be willing to give way, like the pterodactyl,
and accept obliteration.
I would not even ask to leave a fossil claw extant,
nor a thumb-mark like a clue,
I would be willing to vanish completely, completely.

But if it is thumbs up, and mankind must go on being mankind,
then I am willing to fight, I will roll my sleeves up
and start in.

Only, O destiny
I wish you'd show your hand.

DESTINÉE

Ô destinée, destinée,
existes-tu, un homme peut-il toucher ta main ?
Ô destinée
si je pouvais voir ta main et que le pouce soit vers le bas,
je serais prêt à céder comme un ptérodactyle,
et à accepter d'être effacé.
Je ne demanderais même pas à laisser une griffe fossile
ni une empreinte de pouce comme un indice,
je serais prêt à disparaître complètement, complètement.

Mais si le pouce est vers le haut et que l'humanité doive
continuer à être humanité,
alors je suis prêt à me battre, je veux retrousser mes manches
et m'y mettre.

Seulement, Ô destinée
je voudrais que tu montres ta main.

WORM EITHER WAY

If you live along with all the other people
and are just like them, and conform, and are nice
you're just a worm—
and if you live with all the other people
and you don't like them and won't be like them and won't conform
then you're just the worm that has turned,
in either case, a worm.

The conforming worm stays just inside the skin
respectably unseen, and cheerfully gnaws away at the heart of life,
making it all rotten inside.

The unconforming worm— that is, the worm that has turned—
gnaws just the same, gnawing the substance out of life,
but he insists on gnawing a little hole in the social epidermis
and poking his head out and waving himself
and saying : Look at me, I am not *respectable,*
I do all the things the bourgeois daren't do,

VER DE TOUTE FAÇON

Si vous vivez en bonne intelligence avec les gens
que vous êtes exactement comme eux, et conforme et gentil
vous n'êtes qu'un ver —
et si vous vivez avec tous les autres gens
que vous ne les aimez pas, ne voulez pas être comme eux et
   ne vous conformez pas
alors vous n'êtes que le ver qui a fait volte-face,
dans tous les cas un ver.

Le ver conforme se tient juste sous la peau
respectablement invisible, et rongeant joyeusement le cœur
   de la vie,
le rendant tout pourri au-dedans.

Le ver non conforme — c'est-à-dire le ver qui a fait volte-
   face —
ronge de la même façon, évidant la substance de la vie,
mais il s'entête à forer un petit trou dans l'épiderme social
et pointant sa tête au-dehors et se balançant
il dit : regardez-moi je ne suis pas respectable,
je fais toutes les choses que n'ose le bourgeois,

I booze and fornicate and use foul language and despise your honest man.—

But why should the worm that has turned protest so much ?
The bonnie bonnie bourgeois goes a-whoring up back streets
just the same.
The busy busy bourgeois imbibes his little share
just the same
if not more.
The pretty pretty bourgeois pinks his language just a pink
if not pinker,
and in private boasts his exploits even louder, if you ask me,
than the other.
While as to honesty, Oh look where the money lies !

So I can't see where the worm that has turned puts anything over
the worm that is too cunning to turn.
On the contrary, he merely gives himself away.
The turned worm shouts : I bravely booze !
the other says : Have one with me !
The turned worm boasts : I copulate !
the unturned says : You look it.
You're a d — b — b — p — bb —, says the worm that's turned.
Quite ! says the other. Cuckoo !

je fais ribote, je fornique, j'emploie un langage grossier et je méprise les honnêtes gens. —

Mais pourquoi le ver qui a fait volte-face devrait-il protester si énergiquement ?
Le gentil, gentil bourgeois putasse dans les rues malfamées exactement pareil
Le bourgeois affairé affairé avale sa petite part
exactement pareil
si pas plus.
Le joli joli bourgeois rosit son langage tout aussi rose
sinon plus rose,
Et dans l'intimité il se vante encore plus haut de ses exploits, si vous me le demandez,
que l'autre.
Quant à l'honnêteté, Oh regardez où se tient l'argent !

Ainsi je ne vois pas en quoi le ver qui a fait volte-face dépasse
le ver qui est trop malin pour faire volte-face.
Au contraire il ne fait que se révéler.
Le vers retourné crie : Je me saoule bravement !
L'autre dit : Prenez un verre avec moi !
Le ver retourné se vante : Je copule !
Le non-retourné dit : Regardez-moi ça.
Vous êtes un d — b — b — p — bb —, dit le ver qui a fait volte-face.
C'est ça ! dit l'autre. Coucou !

NATURAL COMPLEXION

But you see, said the handsome young man with the chamois gloves
to the woman rather older than himself,
if you don't use rouge and a lip-stick, in Paris
they'll take you for a woman of the people.

So spoke the british gentleman
pulling on his chamois gloves
and using his most melodious would-be-oxford voice.

And the woman said : Dear me !
how rough that would be on you, darling !
Only, if you insist on pulling on those chamois gloves
I swear I'll pull off my knickers, right in the Rue de la Paix.

TEINT NATUREL

Mais voyez-vous, dit le beau jeune homme aux gants chamois
à la femme un peu plus âgée que lui,
si vous ne mettez pas de poudre et de rouge à lèvres à Paris
ils vous prendront pour une femme du peuple.

Ainsi parla le gentleman britannique
tirant sur ses gants chamois
Et usant de sa plus mélodieuse voix simili-Oxford.

Et la femme dit : Pauvre de moi !
et comme ce serait dur pour vous chéri !
Mais si vous vous entêtez à tirer sur vos gants chamois
je jure que je baisserai culotte en pleine rue de la Paix.

THE OXFORD VOICE

When you hear it languishing
and hooing and cooing and sidling through the front teeth,
            the oxford voice
              [or worse still]
            the would-be oxford voice
you don't even laugh any more, you can't.

For every blooming bird is an oxford cuckoo nowadays,
you can't sit on a bus nor in the tube
but it breathes gently and languishingly in the back of your neck.

And oh, so seductively superior, so seductively
            self-effacingly
            deprecatingly
              superior.—
We wouldn't insist on it for a moment
            but we are
              we are
            you admit we are
              superior.—

L'ACCENT D'OXFORD

Quand vous l'entendez languir
et couiner et roucouler et zozoter à travers les dents de devant,
l'accent d'Oxford
ou pis encore
le soi-disant accent d'Oxford
vous ne riez même plus, impossible.

Car chaque sacré oiseau dans sa fleur de nos jours est un coucou oxfordien,
vous ne pouvez vous asseoir dans un bus ou dans un métro
sans qu'il soupire doucement et langoureusement dans votre nuque.

Et, oh ! une si séduisante supériorité
si humblement
avec tant de désapprobation
supérieure. —
Nous ne voudrions vraiment pas insister
mais nous sommes
nous sommes
admettez que nous sommes
supérieurs. —

GIVE US GODS

Give us gods, Oh give them us!
Give us gods.
We are so tired of men
and motor-power.—

But not god grey-bearded and dictatorial,
nor yet that pale young man afraid of fatherhood
shelving substance on to the woman, Madonna mia! shabby virgin!
nor gusty Jove, with his eye on immortal tarts,
nor even the musical, suave young fellow
wooing boys and beauty.

Give us gods
give us something else—

Beyond the great bull that bellowed through space, and got his throat cut.
Beyond even that eagle, that phœnix, hanging over the gold egg of all things,
further still, before the curled horns of the ram stepped forth

DONNEZ-NOUS DES DIEUX

Donnez-nous des dieux, Ô donnez-les-nous !
Donnez-nous des dieux.
Nous avons tellement assez des hommes
et de la puissance du moteur. —

Mais pas un dieu à barbe grise et dictatorial,
ni ce pâle jeune homme effrayé par la paternité
faisant table rase de la femme, Madonna mia ! Médiocre vierge !
Ni Jupiter tonnant, l'œil sur ses immortelles putains,
ni même le suave jeune musicien
célébrant les garçons et la beauté.

Donnez-nous des dieux
donnez-nous autre chose —

Au-delà du grand taureau qui beugla dans l'espace et qui fut égorgé.
Au-delà même de l'aigle, du phénix, surplombant l'œuf d'or de toute chose,
plus loin encore, avant qu'aient surgi les cornes enroulées du bélier

or the stout swart beetle rolled the globe of dung in which man should hatch,
or even the sly gold serpent fatherly lifted his head off the earth to think—

Give us gods before these—
Thou shalt have other gods before these.

Where the waters end in marshes
swims the wild swan
sweeps the high goose above the mists
honking in the gloom the honk of procreation from such throats.

Mists
where the electron behaves and misbehaves as it will,
where the forces tie themselves up into knots of atoms
and come untied;
mists
of mistiness complicated into knots and clots that barge about
and bump on one another and explode into more mist, or don't,
mist of energy most scientific—
But give us gods!

Look then
where the father of all things swims in a mist of atoms
electrons and energies, quantums and relativities
mists, wreathing mists,
like a wild swan, or a goose, whose honk goes through my bladder.

And in the dark unscientific I feel the drum-winds of his wings

ou que le vaillant scarabée brun ait roulé son globe de crottin dans lequel l'homme devait éclore,
ou même que le malin serpent d'or ait soulevé sa tête de terre paternellement pour réfléchir —

Donnez-nous des dieux autres que ceux-là —
Vous devez avoir des dieux autres que ceux-là.

Là où les eaux deviennent marécages
nage le cygne sauvage
glisse l'oie au-dessus des brumes
cacardant dans les ténèbres le cri de la procréation.

Brumes
où l'électron n'en fait qu'à sa tête,
où les forces se nouent en groupes d'atomes
ou se dénouent ;
brumes
brumeuses embrouillées de nœuds, de caillots qui flottent,
puis se cognent, puis explosent en brume encore, ou n'explosent pas,
brume d'une énergie très scientifique —
Mais donnez-nous des dieux !

Regarde maintenant
quand le père de toute chose nage dans une brume d'atomes
d'électrons et d'énergies, quantums et relativités
brumes, enlaçant des brumes,
comme un cygne sauvage, ou un jars, dont le cri perce ma vessie.

Et dans l'obscurité non scientifique je sens le vent-tambour de ses ailes

and the drip of his cold, webbed feet, mud-black
brush over my face as he goes
to seek the women in the dark, our women, our weird women whom
he treads
with dreams and thrusts that make them cry in their sleep.

Gods, do you ask for gods?
Where there is woman there is swan.

Do you think, scientific man, you'll be father of your own babies?
Don't imagine it.
There'll be babies born that are cygnets, O my soul!
young wild swans!
And babies of women will come out young wild geese, O my heart!
the geese that saved Rome, and will lose London.

et l'eau qui goutte de ses pieds palmés et froids, couleur de boue
balayer mon visage lorsqu'il va
chercher femme dans le noir, nos femmes, nos femmes étranges qu'il écrase
de rêves et de pulsions qui les font pleurer dans leur sommeil.

Des dieux, vous demandez des dieux ?
Là où il y a femme il y a cygne.

Crois-tu, ô homme scientifique, que tu seras le père de tes propres bébés ?
N'y songe plus.
Il y aura des nouveau-nés qui seront bébés cygnes, Ô mon âme !
De jeunes cygnes sauvages !
Et des bébés de femmes qui se révéleront jeunes oies sauvages, Ô mon cœur !
Ces oies qui sauvèrent Rome et qui perdront Londres.

SPIRAL FLAME

There have been so many gods
that now there are none.
When the One God made a monopoly of it
he wore us out, so now we are godless and unbelieving.

Yet, O my young men, there is a vivifier.
There is that which makes us eager.
While we are eager, we think nothing of it.
Sum ergo non cogito.
But when our eagerness leaves us, we are godless and full of thought.

We have worn out the gods, and they us.
That pale one, filled with renunciation and pain and white love
has worn us weary of renunciation and love and even pain.
That strong one, ruling the universe with a rod of iron
has sickened us thoroughly with rods of iron and rulers and strong men.
The All-wise has tired us of wisdom.

FLAMME EN SPIRALE

Il y a eu tant de dieux
que maintenant il n'y en a plus.
Quand le Dieu unique en a fait un monopole
Il nous a lassés et maintenant nous sommes sans dieu et sans croyance.

Pourtant, Ô mes jeunes hommes, il y a un principe vivifiant.
Et c'est lui qui nous rend ardents.
Tant que nous sommes ardents, nous n'y pensons pas.
Sum ergo non cogito.
Mais dès que notre ardeur nous quitte, nous sommes sans dieu et pleins de pensées.

Nous avons usé les dieux et eux nous.
Celui tout pâle, plein de renoncement, de souffrance et d'amour chaste
nous a lassés du renoncement, de l'amour et même de la souffrance.
Celui puissant, gouvernant l'univers avec une verge de fer,
nous a rendus complètement malades avec des verges de fer et des maîtres et des hommes forts.
Le Grand Sage nous a fatigués de sagesse.

The weeping mother of god, inconsolable over her son
makes us prefer to be womanless, rather than be wept over.
And that poor late makeshift, Aphrodite emerging in a bathing-suit
from our modern sea-side foam
has successfully killed all desire in us whatsoever.

Yet, O my young men, there is a vivifier.
There is a swan-like flame that curls round the centre of space
and flutters at the core of the atom,
there is a spiral flame-tip that can lick our little atoms into fusion
so we roar up like bonfires of vitality
and fuse in a broad hard flame of many men in a oneness.

O pillars of flame by night, O my young men
spinning and dancing like flamey fire-spouts in the dark ahead of
the multitude!
O ruddy god in our veins, O fiery god in our genitals!
O rippling hard fire of courage, O fusing of hot trust
when the fire reaches us, O my young men!

And the same flame that fills us with life, it will dance and burn
the house down,
all the fittings and elaborate furnishings
and all the people that go with the fittings and the furnishings,
the upholstered dead that sit in deep arm-chairs.

La mère éplorée de dieu, inconsolable de son fils,
a fait que nous préférons être sans femme plutôt que pleurés.
Et ce pauvre expédient tardif, Aphrodite sortant en maillot de bain de notre moderne écume de mer,
réussit à tuer en nous toute espèce de désir.

Pourtant, Ô mes jeunes hommes, il y a un principe vivifiant.
Il y a une flamme comme un cygne, qui s'enroule autour du noyau de l'espace
et bat des ailes au cœur de l'atome,
il y a une flamme tournoyante qui peut lécher jusqu'à la fusion nos petits atomes
et alors nous rugissons comme un brasier de vitalité
et nous nous liquéfions dans la flamme dure d'une multitude humaine fondue en un seul.

Ô colonnes de flammes dans la nuit, Ô mes jeunes hommes
tournoyant et dansant comme des jets de flamme dans le noir devant la multitude !
Ô dieu rougeoyant dans nos veines, Ô dieu fougueux dans nos sexes !
Ô dur feu ondoyant du courage ! Ô embrasement de foi brûlante
quand le feu nous touche, Ô mes jeunes hommes !

Et la même flamme qui nous remplit de vie, elle dansera et brûlera la maison
et les garnitures et les meubles élaborés
et les gens qui vont avec les meubles et les garnitures,
Et les morts capitonnés assis dans les grands fauteuils profonds.

LET THE DEAD BURY THEIR DEAD—

Let the dead go bury their dead
don't help them.
Let the dead look after the dead
leave them to one another,
don't serve them.

The dead in their nasty dead hands
have heaps of money,
don't take it.
The dead in their seething minds
have phosphorescent teeming white words
of putrescent wisdom and sapience that subtly stinks;
don't ever believe them.

The dead are in myriads, they seem mighty.
They make trains chuff, motor-cars titter, ships lurch,
mills grind on and on,
and keep you in millions at the mills, sightless pale slaves,
pretending these are the mills of God.

LAISSEZ LES MORTS ENTERRER LES MORTS

Laissez les morts aller enterrer leurs morts
ne les aidez pas.
Laissez les morts prendre soin des morts
laissez-les ensemble,
ne les servez pas.

Les morts dans leurs mains sales de morts
ont des monceaux d'argent,
ne le prenez pas.
Les morts dans leurs cerveaux grouillants
foisonnent de mots blancs phosphorescents,
de sagesse pourrie et de sapience qui pue subtilement ;
ne les croyez jamais.

Les morts sont myriades, ils ont l'air puissants.
Ils font siffler les trains, ricaner les voitures, cahoter les bateaux,
moudre les moulins encore et encore,
et vous gardent par millions au moulin, esclaves pâles et aveugles,
prétendant que ce sont là les moulins de Dieu.

It is the great lie of the dead.
The mills of industry are not the mills of God.
And the mills of God grind otherwise, with the winds of life for the mill-stones.
Trust the mills of God, though they grind exceeding small.
But as for the mills of men
don't be harnessed to them.

The dead give ships and engines, cinema, radio and gramophone,
they send aeroplanes across the sky,
and they say : Now, behold, you are living the great life !
While you listen in, while you watch the film, while you drive the car,
while you read about the air-ship crossing the wild Atlantic
behold, you are living the great life, the stupendous life ! —

As you know, it is a complete lie.
You are all going dead an corpse-pale
listening in to the lie.
Spit it out.

O cease to listen to the living dead.
They are only greedy for your life !
O cease to labour for the gold-toothed dead.
They are so greedy, yet so helpless if not worked for.
Don't ever be kind to the smiling, tooth-mouthed dead
don't ever be kind to the dead
it is pandering to corpses,
the repulsive, living fat dead.

C'est le grand mensonge des morts.
Les moulins de l'industrie ne sont pas les moulins de Dieu.
Et les moulins de Dieu moulent autrement, par les vents de la vie et pour les meules.
Faites confiance aux moulins de Dieu, bien qu'ils moulent extrêmement fin.
Mais comme pour les moulins de l'homme,
ne leur soyez pas attelés.

Les morts donnent des bateaux et des machines, le cinéma, la radio et le gramophone,
ils envoient des avions à travers ciel,
et ils disent, maintenant voyez ! vous vivez la vraie vie !
Pendant que vous écoutez, pendant que vous regardez le film ou conduisez une voiture,
pendant que vous lisez une page sur des vaisseaux de l'air traversant l'Atlantique sauvage
voyez ! vous vivez la vraie vie, la vie prodigieuse !

Comme vous le savez c'est du pur mensonge,
vous tombez tous morts, cadavres pâles,
à écouter le mensonge.
Crachez-le.

Oh, cessez d'écouter les morts-vivants.
Ils sont simplement avides de votre vie !
Oh, cessez de travailler pour les morts aux dents en or ;
ils sont si avides, pourtant si démunis si on ne travaille pas pour eux.
Ne soyez jamais bons pour les morts aux sourires pleins de dents
ne soyez jamais bons pour les morts,
c'est se vendre à des cadavres,
à des morts répugnants, vivants et gras.

Bury a man gently if he has lain down and died.
But with the walking and talking and conventionally persuasive dead
with bank accounts and insurance policies
don't sympathise, or you taint the unborn babies.

Enterrez gentiment un homme s'il s'est couché dans la mort.
Mais avec les morts qui se promènent et parlent, et sont
conventionnellement persuasifs,
avec compte bancaire et police d'assurance
ne sympathisez pas, sinon vous infectez les bébés encore à
naître.

WHEN WILT THOU TEACH THE PEOPLE—?

When wilt thou teach the people,
God of justice, to save themselves—?
They have been saved so often
and sold.

O God of justice, send no more saviours
of the people!

When a saviour has saved a people
they find he has sold them to his father.
They say: We are saved, but we are starving.
He says: The sooner will you eat imaginary cake in the mansions of my father.
They say: Can't we have a loaf of common bread?
He says: No, you must go to heaven, and eat the most marvellous cake.—

Or Napoleon says: Since I have saved you from the ci-devants,
you are my property, be prepared to die for me, and to work for me.—

QUAND APPRENDRAS-TU AUX GENS ?

Quand apprendras-tu aux gens,
Dieu de justice, à se sauver eux-mêmes — ?
Ils ont été sauvés si souvent
et vendus.

Ô Dieu de justice, n'envoie plus de sauveurs
au genre humain !

Quand un sauveur a sauvé un peuple
les hommes découvrent qu'ils ont été vendus à son père.
Ils disent : Nous sommes sauvés mais nous sommes affamés.
Il dit : D'autant plus tôt vous mangerez du gâteau imaginaire dans la maison de mon père.
Ils disent : Ne pouvons-nous avoir une miche de pain ordinaire ?
Il dit : Non, vous devez aller au ciel et manger le merveilleux gâteau.

Ou Napoléon dit : Depuis que je vous ai sauvés des ci-devant,
vous m'appartenez, soyez prêts à mourir pour moi et à travailler pour moi.

Or later republicans say : You are saved,
therefore you are our savings, our capital
with which we shall do big business.—

Or Lenin says : You are saved, but you are saved wholesale.
You are no longer men, that is bourgeois ;
you are items in the soviet state,
and each item will get its ration,
but it is the soviet state alone which counts
the items are of small importance,
the state having saved them all.—

And so it goes on, with the saving of the people.
God of justice, when wilt thou teach them to save themselves ?

Et puis les républicains disent : Vous êtes sauvés,
et donc vous êtes notre épargne, notre capital
avec lequel nous allons faire du business.

Ou Lénine dit : Vous êtes sauvés, mais sauvés en gros.
Vous n'êtes plus des hommes, c'est bourgeois ;
vous êtes des « items » dans l'État des soviets,
Et chacun de vous aura sa ration,
mais c'est le soviet seul qui compte
les « items » sont de peu d'importance,
puisque l'État les a tous sauvés.

Et ainsi va le salut des gens.
Dieu de justice, quand leur apprendras-tu à se sauver eux-mêmes ?

THINGS MEN HAVE MADE—

Things men have made with wakened hands, and put soft life into
are awake through years with transferred touch, and go on glowing
for long years.
And for this reason, some old things are lovely
warm still with the life of forgotten men who made them.

LES CHOSES QUE LES HOMMES ONT FAITES

Les choses que les hommes ont faites de leurs mains atten-
tives et dans lesquelles ils ont mis la douce vie
restent éveillées à travers les années, gardant trace du tou-
cher, et rayonnent encore
pendant de longues années.
Et pour cette raison certaines vieilles choses sont délicieuses
chaudes encore de la vie des hommes oubliés qui les ont
faites.

THINGS MADE BY IRON—

Things made by iron and handled by steel
are born dead, they are shrouds, they soak life out of us.
Till after a long time, when they are old and have steeped in our life
they begin to be soothed and soothing : then we throw them away.

LES CHOSES FAITES DE FER

Traitées par l'acier, les choses faites de fer
naissent mortes, elles sont linceuls, elles sucent notre vie,
Jusqu'à ce que, longtemps après, quand elles sont vieilles et se sont trempées dans notre vie
elles commencent à s'apaiser, à apaiser ; et alors nous les jetons.

WE ARE TRANSMITTERS—

As we live, we are transmitters of life.
And when we fail to transmit life, life fails to flow through us.

That is part of the mystery of sex, it is a flow onwards.
Sexless people transmit nothing.

And if, as we work, we can transmit life into our work,
life, still more life, rushes into us to compensate, to be ready
and we ripple with life through the days.

Even if it is a woman making an apple dumpling, or a man a stool,
if life goes into the pudding, good is the pudding
good is the stool,
content is the woman, with fresh life rippling in to her,
content is the man.

Give, and it shall be given unto you
is still the truth about life.

NOUS SOMMES DES TRANSMETTEURS

Vivants, nous sommes des transmetteurs de la vie.
Et quand nous manquons à transmettre la vie, la vie ne passe plus par nous.

C'est un des mystères du sexe, un flux qui va de l'avant.
Les gens sans sexe ne transmettent rien.

Et si, quand nous travaillons, nous pouvons transmettre la vie dans notre travail,
la vie, plus de vie encore, afflue en nous en compensation, disponible
et nous ruisselons de vie au long des jours.

Même si c'est une femme qui fait une tarte aux pommes ou un homme un escabeau,
si la vie entre dans la tarte, la tarte est bonne
et bon l'escabeau,
la femme rend heureuse, avec la vie neuve se versant en elle,
et l'homme est heureux.

Donnez et on vous donnera
c'est toujours la vérité quand il s'agit de vie.

But giving life is not so easy.
It doesn't mean handing it out to some mean fool, or letting the living dead eat you up.
It means kindling the life-quality where it was not,
even if it's only in the whiteness of a washed pocket-handkerchief.

Mais donner la vie n'est pas facile.
Cela ne veut pas dire la transmettre à quelque pauvre fou,
ou laisser les morts-vivants vous dévorer.
Cela veut dire faire naître la vie là où elle n'était pas,
même si elle était seulement dans la blancheur d'un mouchoir fraîchement lavé.

WORK

There is no point in work
unless it absorbs you
like an absorbing game.

If it doesn't absorb you
if it's never any fun,
don't do it.

When a man goes out into his work
he is alive like a tree in spring,
he is living, not merely working.

When the Hindus weave thin wool into long, long lengths of stuff
with their thin dark hands and their wide dark eyes and their still souls absorbed
they are like slender trees putting forth leaves, a long white web of living leaf,
the tissue they weave,
and they clothe themselves in white as a tree clothes itself in its own foliage.

TRAVAIL

Le travail n'a pas de sens
à moins qu'il ne vous absorbe
comme un jeu absorbant.

S'il ne vous absorbe pas
s'il n'est jamais amusant,
ne le faites pas.

Quand un homme se donne à son travail
il est vivant comme un arbre au printemps,
il ne fait pas que travailler, il vit.

Quand les Hindous tissent la laine fine en longues, longues pièces d'étoffes
avec leurs fines mains noires, leurs larges yeux sombres et leurs âmes paisibles absorbées
ils sont des arbres élancés qui produisent des feuilles, un long, blanc tissage de feuilles vivantes,
le tissu qu'ils tissent,
et ils s'habillent de blanc comme un arbre s'habille de feuillage.

As with cloth, so with houses, ships, shoes, wagons or cups or loaves
men might put them forth as a snail its shell, as a bird that leans
its breast against its nest, to make it round,
as the turnip models his round root, as the bush makes flowers and gooseberries,
putting them forth, not manufacturing them,
and cities might be as once they were, bowers grown out from the busy bodies of people.

And so it will be again, men will smash the machines.

At last, for the sake of clothing himself in his own leaf-like cloth
tissued from his life,
and dwelling in his own bowery house, like a beaver's nibbled mansion
and drinking from cups that came off his fingers like flowers off their five-fold stem,
he will cancel the machines we have got.

Comme pour le vêtement, ainsi en est-il des maisons, des bateaux, des chaussures, des chariots, des coupes ou des pains
l'homme pourrait les produire comme fait sa coquille l'escargot, comme appuie un oiseau
sa poitrine contre son nid pour l'arrondir,
comme le navet forme sa racine ronde, comme le buisson fait des fleurs et des groseilles,
poussées de lui non manufacturés,
et les villes pourraient être comme elles furent autrefois, des berceaux de verdure nés des corps affairés des gens.

Et de nouveau ce sera ainsi, l'homme va détruire les machines.

Enfin pour s'habiller dans son propre vêtement pareil aux feuilles
tissé de sa vie,
et habitant dans sa propre maison de verdure pareille au château mâchonné du castor
et buvant dans des coupes sorties de ses doigts, telles des fleurs de leur tige quintuple,
il annulera nos machines.

THE MESS OF LOVE

We've made a great mess of love
since we made an ideal of it.

The moment I swear to love a woman, a certain woman, all my life
that moment I begin to hate her.

The moment I even say to a woman : I love you !—
my love dies down considerably.

The moment love is an understood thing between us, we are sure of it,
it's a cold egg, it isn't love any more.

Love is like a flower, it must flower and fade;
if it doesn't fade, it is not a flower,
it's either an artificial rag blossom, or an immortelle, for the cemetery.

The moment the mind interferes with love, or the will fixes on it,

LES GÂCHIS DE L'AMOUR

Nous avons fait un grand gâchis de l'amour
depuis que nous en avons fait un idéal.

Dès l'instant où je jure d'aimer une femme, une certaine femme toute ma vie,
à cet instant je commence à la haïr.

Dès que je dis à une femme : je t'aime ! —
mon amour diminue considérablement.

Dès que l'amour est chose entendue entre nous, que nous sommes sûrs de lui,
c'est un œuf froid, ce n'est plus de l'amour.

L'amour est une fleur, il doit fleurir et se faner ;
s'il ne se fane pas ce n'est pas une fleur,
c'est une fleur en chiffon, ou une immortelle pour cimetière.

Dès que l'esprit intervient dans l'amour, dès que la volonté le fixe,

or the personality assumes it as an attribute, or the ego takes possession of it,
it is not love any more, it's just a mess.
And we've made a great mess of love, mind-perverted, will-perverted, ego-perverted love.

ou que la personnalité l'assume comme un attribut, ou que l'ego en prend possession,
ce n'est plus de l'amour, c'est du gâchis.
Et nous avons fait un grand gâchis de l'amour, amour perverti par l'esprit, par la volonté, par l'ego.

FIDELITY

Fidelity and love are two different things, like a flower and a gem.
And love, like a flower, will fade, will change into something else
or it would not be flowery.

O flowers they fade because they are moving swiftly; a little torrent
of life
leaps up to the summit of the stem, gleams, turns over round the bend
of the parabola of curved flight,
sinks, and is gone, like a comet curving into the invisible.

O flowers they are all the time travelling
like comets, and they come into our ken
for a day, for two days, and withdraw, slowly vanish again.

And we, we must take them on the wing, and let them go.
Embalmed flowers are not flowers, immortelles are not flowers;

FIDÉLITÉ

La fidélité et l'amour sont deux choses différentes, comme
une fleur et une pierre précieuse.
L'amour, comme une fleur, se fane, devient une autre chose
sinon il ne serait pas vivant.

Ô fleurs qui se fanent parce qu'elles vont trop vite ; un petit
torrent de vie
bondit jusqu'en haut de la tige, brille, se retourne
suivant la courbe de la parabole du vol,
Se noie, disparaît, comète se courbant dans l'invisible.

Ô fleurs qui voyagent sans cesse
comme les comètes et viennent à notre portée
pour un jour, pour deux jours, puis se retirent et doucement
de nouveau s'évanouissent.

Et nous devons les saisir au vol et les laisser aller.
Les fleurs embaumées ne sont pas des fleurs, les immortelles
ne sont pas des fleurs ;

flowers are just a motion, a swift motion, a coloured gesture;
that is their loveliness. And that is love.

But a gem is different. It lasts so much longer than we do
so much much much longer
that it seems to last forever.
Yet we know it is flowing away
as flowers are, and we are, only slower.
The wonderful slow flowing of the sapphire!

All flows, and every flow is related to every other flow.
Flowers and sapphires and us, diversely streaming.
In the old days, when sapphires were breathed upon and brought forth
during the wild orgasms of chaos
time was much slower, when the rocks came forth.
It took aeons to make a sapphire, aeons for it to pass away.

And a flower it takes a summer.

And man and woman are like the earth, that brings forth flowers
in summer, and love, but underneath is rock.
Older than flowers, older than ferns, older than foraminiferæ
older than plasm altogether is the soul of a man underneath.

And when, throughout all the wild orgasms of love
slowly a gem forms, in the ancient, once-more-molten rocks

les fleurs ne sont que mouvement, mouvement rapide, un geste coloré :
c'est ça leur beauté. Et c'est cela l'amour.

Une pierre précieuse, c'est différent. Elle dure beaucoup plus longtemps que nous
tellement, tellement plus longtemps
qu'il semble qu'elle dure toujours.
Pourtant nous savons qu'elle s'écoule
comme les fleurs, comme nous, mais plus lentement.
La merveilleuse coulée lente du saphir !

Tout s'écoule, et chaque flux est relié aux autres flux.
Les fleurs, les saphirs et nous, chacun s'écoulant à sa façon.
Au temps jadis, quand les saphirs reçurent le souffle et qu'ils apparurent
dans les sauvages orgasmes du chaos
le temps était plus lent, quand émergèrent les rochers.
Des ères pour fabriquer un saphir, des ères pour qu'il disparaisse.

Et pour la fleur, un été.

Et l'homme et la femme sont comme la terre qui fait naître les fleurs
en été, et l'amour, mais en dessous il y a le rocher.
Plus vieille que les fleurs, plus vieille que les fougères, plus vieille que les foraminifères,
plus vieille même que le plasma, et plus au fond encore, est l'âme de l'homme.

Et quand, à travers tous les sauvages orgasmes de l'amour
doucement se forme une pierre précieuse dans les anciennes roches refondues

of two human hearts, two ancient rocks, a man's heart and a woman's,
that is the crystal of peace, the slow hard jewel of trust,
the sapphire of fidelity.
The gem of mutual peace emerging from the wild chaos of love.

de deux cœurs humains, deux anciennes roches, un cœur d'homme et un cœur de femme,
c'est le cristal et la paix, le lent et dur joyau de la confiance,
le saphir de la fidélité.
La gemme de paix mutuelle émergeant du chaos sauvage de l'amour.

TO WOMEN, AS FAR AS I'M CONCERNED

The feelings I don't have I don't have.
The feeling I don't have, I won't say I have.
The feelings you say you have, you don't have.
The feelings you would like us both to have, we neither of us have.
The feelings people ought to have, they never have.
If people say they've got feelings, you may be pretty sure they haven't got them.
So if you want either of us to feel anything at all
you'd better abandon all idea of feelings altogether.

AUX FEMMES EN CE QUI ME CONCERNE

Les sentiments que je n'éprouve pas, je ne les éprouve pas.
Les sentiments que je n'éprouve pas, je ne dirai pas que je les éprouve.
Les sentiments que tu dis éprouver tu ne les éprouves pas.
Les sentiments que tu voudrais que tous deux nous éprouvions, ni l'un ni l'autre ne les éprouvons.
Les sentiments que les gens doivent éprouver, ils ne les éprouvent jamais.
Si les gens disent : nous sentons cela, tu peux être bien sûr qu'ils ne le sentent pas.
Alors si tu veux que l'un ou l'autre nous éprouvions quelque chose
tu ferais mieux d'abandonner complètement toute idée de sentiments.

OLD PEOPLE

Nowadays everybody wants to be young,
so much so, that even the young are old with the effort of being young.
As for those over fifty, either they rush forward in self-assertion
fearful to behold,
or they bear everybody a grim and grisly grudge
because of their own fifty or sixty or seventy or eighty summers.
As if it's my fault that the old girl is seventy-seven!

VIEILLES GENS

De nos jours chacun veut être jeune
à tel point que même les jeunes sont vieux de l'effort d'être jeune.
Quant aux plus de cinquante ans, soit ils se jettent dans l'autoaffirmation
effrayante à voir,
soit ils éprouvent pour chacun une rancune sinistre
du fait de leurs cinquante, soixante, soixante-dix ou quatre-vingts printemps.
Comme si c'était ma faute que la vieille fille ait soixante-dix-sept ans !

COURAGE

What makes people unsatisfied
is that they accept lies.

If people had courage, and refused lies
and found out what they really felt and really meant
and acted on it.

They would distil the essential oil out of every experience
and like hazel-nuts in autumn, at last
be sweet and sound.

And the young among the old
would be as in the hazel-woods of September
nutting, gathering nuts of ripe experience.

As it is, all that the old can offer
is sour, bitter fruits, cankered by lies.

COURAGE

Ce qui rend les gens malheureux
c'est qu'ils acceptent les mensonges.

Si les gens avaient du courage et refusaient les mensonges
et découvraient ce qu'ils sentent vraiment, veulent vraiment
et agissaient conformément à cela,

Ils distilleraient de chaque expérience l'huile essentielle
comme des noisettes en automne qui deviennent
douces et pleines.

Et les jeunes au milieu des vieux
seraient comme dans une forêt de noisetiers en septembre
ils ramasseraient les noisettes, les fruits de la riche expérience.

Mais comme cela, ce que les vieux peuvent offrir
ne sont que fruits aigres, amers, corrompus par le mensonge.

I WISH I KNEW A WOMAN—

I wish I knew a woman
who was like a red fire on the hearth
glowing after the day's restless draughts.

So that one could draw near her
in the red stillness of the dusk
and really take delight in her
without having to make the polite effort of loving her
or the mental effort of making her acquaintance.
Without having to take a chill, talking to her.

QUE N'AI-JE CONNU UNE FEMME ?

Que n'ai-je connu une femme
qui serait comme un feu rouge dans l'âtre
rayonnante après les agitations du jour ?

Ainsi l'on pourrait s'approcher d'elle
dans la rouge quiétude du crépuscule
et trouver sa joie en elle
sans avoir à faire l'effort poli de l'aimer
ou l'effort mental de faire sa connaissance.
Sans avoir à prendre froid en lui parlant.

A SANE REVOLUTION

If you make a revolution, make it for fun,
don't make it in ghastly seriousness,
don't do it in deadly earnest,
do it for fun.

Don't do it because you hate people,
do it just to spit in their eye.

Don't do it for the money,
do it and be damned to the money.

Don't do it for equality,
do it because we've got too much equality
and it would be fun to upset the apple-cart
and see which way the apples would go a-rolling.

Don't do it for the working classes.
Do it so that we can all of us be little aristocracies on our own
and kick our heels like jolly escaped asses.

UNE RÉVOLUTION SAINE

Si vous faites une révolution, faites-la pour vous amuser,
ne la faites pas avec un horrible sérieux
ne la faites pas avec une gravité mortelle
faites-la pour vous amuser.

Ne la faites pas parce que vous haïssez les gens
faites-la seulement pour leur cracher dans l'œil.

Ne la faites pas pour de l'argent
faites-la, et damné soit l'argent.

Ne la faites pas pour l'égalité,
faites-la parce que nous avons trop d'égalité
et que ce serait drôle de renverser le panier de pommes
et de voir de quel côté elles iraient rouler.

Ne la faites pas pour la classe ouvrière.
Faites-la pour que tous nous soyons des petites aristocraties
autonomes
et que nous fassions claquer nos talons comme de joyeux ânes
délivrés.

Don't do it, anyhow, for international Labour.
Labour is the one thing a man has had too much of.
Let's abolish labour, let's have done with labouring !
Work can be fun, and men can enjoy it ; then it's not labour.
Let's have it so ! Let's make a revolution for fun !

De toute façon ne la faites pas pour l'internationale du Travail.
Le travail est une chose dont l'homme a été saturé.
Abolissons le travail, finissons-en avec la servitude !
Le travail peut être gai, les hommes peuvent y prendre du plaisir ; alors ce n'est plus du travail.
Que cela soit ! Faisons une révolution pour la joie !

DEMOCRACY

I am a democrat in so far as I love the free sun in men
and an aristocrat in so far as I detest narrow-gutted, possessive persons.

I love the sun in any man
when I see it between his brows
clear, and fearless, even if tiny.

But when I see these grey successful men
so hideous and corpse-like, utterly sunless,
like gross successful slaves mechanically waddling,
then I am more than radical, I want to work a guillotine.

And when I see working men
pale and mean and insect-like, scuttling along
and living like lice, on poor money
and never looking up,
then I wish, like Tiberius, the multitude had only one head

DÉMOCRATIE

Je suis un démocrate dans la mesure où j'aime le soleil libre dans les hommes
et je suis un aristocrate dans la mesure où je déteste les gens bornés et possessifs.

J'aime le soleil en chaque homme
quand je le vois entre ses sourcils,
clair et courageux, même minuscule.

Mais quand je vois ces tristes hommes parvenus
si laids, si cadavériques, complètement vides de soleil,
comme de gros esclaves parvenus, se dandinant mécaniquement,
alors je suis plus que radical, et je voudrais manier une guillotine.

Et quand je vois les ouvriers pâles,
misérables, semblables à des insectes affairés
et vivant comme des poux, de quelques sous
et ne levant pas la tête,
alors je voudrais, comme Tibère, que la multitude ait une seule tête

so that I could lop it off.

I feel that when people have gone utterly sunless
they shouldn't exist.

pour que je puisse la trancher.

Quand les gens sont si radicalement vides de soleil,
ils ne devraient pas exister.

SHIPS IN BOTTLES

O ship in a bottle
with masts erect and spars all set and sails spread
how you remind me of my London friends,
O ships in bottles!

Little fleets
that put to sea on certain evenings,
frigates, barks and pinnaces, yawls
all beautifully rigged and bottled up
that put to sea and boldly sink Armadas
in a pub parlour, in literary London, on certain evenings.

O small flotilla of sorry souls
sail on, over perilous seas of thought,
cast your little anchors in ports of eternity,
then weigh, and out to the infinities,
skirting the poles of being and of not-being.

Ah, in that parlour of the London pub
what dangers, ah what dangers!
Caught between great icebergs of doubt
they are all but crushed

BATEAUX EN BOUTEILLE

Ô bateau dans une bouteille
mâts dressés, agrès parés, voiles levées
comme tu me rappelles mes amis de Londres,
Ô bateaux en bouteille !

Petites flottes
qui prennent la mer certains soirs,
frégates, barques et pinasses, yoles
toutes superbement gréées et mises en bouteille
qui prennent la mer et hardiment coulent les Armadas
dans un pub du Londres littéraire certains soirs.

Ô petite flottille d'âmes en peine,
parcours les mers périlleuses de la pensée,
jette tes petites ancres dans les ports de l'éternité,
puis appareille vers les infinis,
longeant les pôles d'être et de n'être pas.

Ah, dans l'arrière-salle de ce pub de Londres
Quels dangers, ah quels dangers !
Pris entre les grands icebergs du doute
ils ne sont plus que

little ships.
Nipped upon the frozen floods of philosophic despair
they lie high and dry,
high and dry.
Reeling in the black end of all beliefs
they sink.

Yet there they are, there they are,
little ships
safe inside their bottles!

Whelmed in profundities of profound conversation,
lost between great waves of ultimate ideas
they are— why there they are,
safe inside their bottles!

Safer than in the arms of Jesus!
Oh safer than anything else in a well-corked, glassy ego,
and sounder than all insurance is a shiny mental conceit!

Sail, little ships in your glass bottles
safe from every contact,
safe from all experience,
safe, above all, from life!

And let the nodding tempests of verbosity
weekly or twice-weekly whistle round your bottles.
Spread your small sails immune, little ships!
The storm is words, the bottles never break.

des petits bateaux écrasés.
Piqués sur les flots glacés du désespoir philosophique
ils gisent hauts et secs,
hauts et secs.
Ramenant les fonds noirs de toute croyance
ils sombrent.

Pourtant ils sont là, ils sont là,
les petits bateaux
à l'abri dans leurs bouteilles !

Engloutis dans les profondeurs des conversations profondes,
perdus dans les grandes vagues des idées ultimes,
ils sont — eh bien ils sont,
à l'abri dans leurs bouteilles !

Plus saufs que dans les bras de Jésus !
Ô plus saufs que n'importe quoi d'autre dans un ego de verre bien bouché,
plus sûre qu'une police d'assurance est la suffisance d'un trait d'esprit bien astiqué !

Voguez, petits bateaux dans vos bouteilles de verre
à l'abri de tout contact,
à l'abri de toute expérience,
à l'abri, par-dessus tout, de la vie !

Et laissons les condescendantes tempêtes du verbiage
une ou deux fois par semaine tourner en sifflant dans vos bouteilles.
Gonflez vos petites voiles protégées, petits bateaux !
La tempête est de mots, les bouteilles ne se brisent jamais.

Pensées, encore

More Pansies

THERE ARE NO GODS

There are no gods, and you can please yourself
have a game of tennis, go out in the car, do some shopping, sit and
talk, talk, talk
with a cigarette browning your fingers.
There are no gods, and you can please yourself—
go and please yourself—

But leave me alone, leave me alone, to myself!
and then in the room, whose is the presence
that makes the air so still and lovely to me?

Who is it that softly touches the sides of my breast
and touches me over the heart
so that my heart beats soothed, soothed, soothed and at peace?

Who is it smooths the bed-sheets like the cool
smooth ocean where the fishes rest on edge
in their own dream?

Who is it that clasps and kneads my naked feet, till they unfold,
till all is well, till all is utterly well? the lotus-lilies of the feet!

IL N'Y A PAS DE DIEUX

Il n'y a pas de dieux et vous pouvez vous faire plaisir,
aller faire une partie de tennis, sortir en voiture, faire des courses, vous asseoir et parler, parler, parler
avec une cigarette qui brunit vos doigts.
Il n'y a pas de dieux, et vous pouvez vous faire plaisir —
allez et faites-vous plaisir —

Mais laissez-moi seul, laissez-moi seul parmi moi-même !
et alors, dans la chambre quelle est cette présence
qui fait l'air si tranquille et délicieux pour moi ?

Qui effleure si doucement ma poitrine
et me touche près du cœur
calmant ses battements, lui apportant la paix ?

Qui lisse les draps, telle une mer fraîche et sans plis
où les poissons au ras de l'eau se reposent
dans leurs rêves ?

Qui embrasse et pétrit mes pieds nus jusqu'à les déplier,
jusqu'à ce que tout soit bien, tout à fait bien ? les fleurs de lotus du pied !

I tell you, it is no woman, it is no man, for I am alone.
And I fall asleep with the gods, the gods
that are not, or that are
according to the soul's desire,
like a pool into which we plunge, or do not plunge.

Je vous le dis, ce n'est femme ni homme, car je suis seul.
Et je m'endors avec les dieux, les dieux
qui n'existent pas, ou existent
selon le désir de l'âme,
comme un bassin dans lequel nous plongeons ou ne plongeons pas.

TOURISTS

There is nothing to look at any more,
everything has been seen to death.

TOURISTES

Il n'y a plus rien à regarder du tout
tout a été vu à mort.

SEARCH FOR LOVE

Those that go searching for love
only make manifest their own lovelessness,

and the loveless never find love,
only the loving find love,
and they never have to seek for it.

LA QUÊTE DE L'AMOUR

Ceux qui sont en quête d'amour
ne font que témoigner de leur manque d'amour,

et celui qui est sans amour n'en trouve jamais,
seuls ceux qui aiment le découvrent,
sans avoir à le chercher.

GOD IS BORN

The history of the cosmos
is the history of the struggle of becoming.
When the dim flux of unformed life
struggled, convulsed back and forth upon itself,
and broke at last into light and dark
came into existence as light,
came into existence as cold shadow
then every atom of the cosmos trembled with delight.
Behold, God is born!
He is bright light!
He is pitch dark and cold!

And in the great struggle of intangible chaos
when, at a certain point, a drop of water began to drip downwards
and a breath of vapour began to wreathe up
Lo again the shudder or bliss through all the atoms!
Oh, God is born!
Behold, he is born wet!
Look, He hath movement upward! He spirals!

DIEU EST NÉ

L'histoire du cosmos
est l'histoire de la lutte pour devenir.
Quand le flux obscur de la vie sans forme
luttant, se tordant sur lui-même,
éclata enfin en lumière et nuit,
vint à l'existence en tant que lumière,
vint à l'existence en tant qu'ombre glacée,
chaque atome du cosmos trembla de félicité.
Voyez, Dieu est né !
Il est brillante lumière !
Il est nuit noire et froid !

Et dans le grand combat du chaos intangible
quand en un certain point une goutte d'eau se mit à tomber
et un souffle de vapeur à s'élever en volutes
Voici encore à travers les atomes un tremblement de félicité !
Oh, Dieu est né !
Voyez, il est né humide !
Regardez, Il se meut en s'élevant en spirale !

And so, in the great aeons of accomplishment and débâcle
from time to time the wild crying of every electron :
Lo ! God is born !

When sapphires cooled out of molten chaos :
See, God is born ! He is blue, he is deep blue, he is forever blue !
When gold lay shining threading the cooled-off rock :
God is born ! God is born ! bright yellow and ductile He is born.

When the little eggy amoeba emerged out of foam and nowhere
then all the electrons held their breath :
Ach ! Ach ! Now indeed God is born ! He twinkles within.

When from a world of mosses and of ferns
at last the narcissus lifted a tuft of five-point stars
and dangled them in the atmosphere,
then every molecule of creation jumped and clapped its hands :
God is born ! God is born perfumed and dangling and with a little cup !

Throughout the aeons, as the lizard swirls his tail finer than water,
as the peacock turns to the sun, and could not be more splendid,
as the leopard smites the small calf with a spangled paw, perfect,
the universe trembles : God is born ! God is here !

Ainsi dans la durée sans bornes de l'accomplissement et de la défaite,
ici et là le cri sauvage de chaque électron :
Voilà, Dieu est né !

Quand les saphirs se refroidirent en se séparant du chaos en fusion :
Voyez, Dieu est né ! Il est bleu, bleu profond, Il est à jamais bleu !
Quand les veines d'or brillantes apparurent dans le rocher refroidi :
Dieu est né ! Jaune vif et ductile, Il est né.

Quand les amibes à peine sorties de l'œuf émergèrent de la mousse et du néant
alors tous les électrons retinrent leur souffle :
Ach ! Ach ! Maintenant vraiment Dieu est né ! Il scintille au-dedans.

Quand d'un monde de mousses et de fougères
enfin le narcisse fit monter une touffe d'étoiles à cinq pointes
et les balança dans l'atmosphère,
alors chaque molécule de la création bondit et frappa des mains :
Dieu est né ! Dieu est né parfumé, se balançant et avec une petite coupe !

À travers la durée sans bornes, comme le lézard fait tournoyer sa queue plus fine que l'eau,
comme le paon se tourne vers le soleil et ne pourrait être plus glorieux,
comme le léopard abat le petit veau d'une patte pailletée, parfaite,
l'univers tremble : Dieu est né ! Dieu est là !

And when at last man stood on two legs and wondered,
then there was a hush of suspense at the core of every electron :
Behold, now very God is born !
God Himself is born !

And so we see, God is not
until he is born.

And also we see
there is no end to the birth of God.

Et quand enfin l'homme se tint sur deux jambes et s'émerveilla,
alors il y eut un silence soudain au cœur de chaque électron :
Voyez, Dieu est né vraiment !
Dieu Soi-même est né !

Et ainsi nous voyons, Dieu n'est pas
tant qu'il n'est pas né.

Et aussi nous voyons
il n'y a pas de fin à la naissance de Dieu.

Derniers poèmes

Last Poems

THE GREEKS ARE COMING!

Little islands out at sea, on the horizon
keep suddenly showing a whiteness, a flash and a furl, a hail
of something coming, ships a-sail from over the rim of the sea.

And every time, it is ships, it is ships,
it is ships of Cnossos coming, out of the morning end of the sea,
it is Aegean ships, and men with archaic pointed beards
coming out of the eastern end.

But it is far-off foam.
And an ocean liner, going east, like a small beetle walking the edge
is leaving a long thread of dark smoke
like a bad smell.

LES GRECS ARRIVENT !

Des petites îles en pleine mer sur l'horizon
montrent soudain une blancheur, un éclair et un pli,
un salut de quelque chose qui arrive, bateau faisant voile,
depuis l'autre côté de l'horizon.

Et chaque fois ce sont des bateaux, ce sont des bateaux,
des bateaux de Knossos, venant de l'extrémité matinale de
la mer ;
des bateaux égéens, et des hommes aux barbes archaïques en
pointe
surgis du Levant.

Mais c'est une écume lointaine.
Et un paquebot allant vers l'est comme un petit scarabée
marchant sur l'horizon
laisse un long fil de fumée noire
comme une mauvaise odeur.

THE ARGONAUTS

They are not dead, they are not dead!
Now that the sun, like a lion, licks his paws
and goes slowly down the hill:
now that the moon, who remembers, and only cares
that we should be lovely in the flesh, with bright, crescent feet,
pauses near the crest of the hill, climbing slowly, like a queen
looking down on the lion as he retreats—

Now the sea is the Argonaut's sea, and in the dawn
Odysseus calls the commands, as he steers past those foamy islands;
wait, wait, don't bring the coffee yet, nor the pain grillé.
The dawn is not off the sea, and Odysseus' ships
have not yet passed the islands, I must watch them still.

LES ARGONAUTES

Ils ne sont pas morts, ils ne sont pas morts !
Maintenant que le soleil tel un lion lèche ses pattes
et descend doucement la colline ;
maintenant que la lune qui se souvient et se soucie seulement
des charmes de notre chair, avec ses pieds brillants en forme de croissant,
se pose un instant au faîte de la colline, elle monte doucement comme une reine
et regarde d'en haut le lion qui se retire —

La mer maintenant est la mer des Argonautes, et dans l'aurore
Ulysse crie des ordres, tandis qu'il navigue entre les îles écumeuses ;
attendez, attendez, n'apportez pas le café, ni le *pain grillé.*
L'aurore n'est pas sortie de la mer, et les bateaux d'Ulysse
n'ont pas encore passé les îles, je dois les guetter encore.

FOR THE HEROES ARE DIPPED IN SCARLET

Before Plato told the great lie of ideals
men slimly went like fishes, and didn't care.

They had long hair, like Samson,
and clean as arrows they sped at the mark
when the bow-cord twanged.

They knew it was no use knowing
their own nothingness :
for they were not nothing.

So now they come back ! Hark !
Hark ! the low and shattering laughter of bearded men
with slim waists of warriors, and the long feet
of moon-lit dancers.

Oh, and their faces scarlet, like the dolphin's blood !
Lo ! the loveliest is red all over, rippling vermilion
as he ripples upwards !
laughing in his black beard !

CAR LES HÉROS SONT TREMPÉS DANS LA POURPRE

Avant que Platon n'eût dit le grand mensonge des idéaux
sveltes comme des poissons les hommes allaient sans souci.

Ils eurent de longs cheveux tel Salomon,
et flèches pures ils filaient au but
quand vibrait la corde de l'arc.

Ils savaient que connaître qu'ils n'étaient
rien n'avait pas de sens,
car ils n'étaient pas rien.

Les voilà donc qui reviennent ! Écoutez !
Écoutez ! le rire sourd et fracassant des hommes barbus
aux hanches minces de guerriers et aux pieds
effilés de danseurs de clair de lune.

Oh, leurs visages pourpres comme le sang des dauphins !
Voyez ! Le plus beau est rouge de partout, ondoiement vermillon,
comme il monte en ondulant !
riant dans sa barbe noire !

They are dancing! they return, as they went, dancing!
For the thing that is done without the glowing as of god, vermilion,
were best not done at all.
How glistening red they are!

Ils dansent ! Ils reviennent, dansant, comme ils étaient partis !
Car ce que l'on fait sans le rougeoiement divin, vermillon,
mieux valait ne pas le faire.
Oh, comme leur rouge est éclatant !

THEY SAY THE SEA IS LOVELESS

They say the sea is loveless, that in the sea
love cannot live, but only bare, salt splinters
of loveless life.

But from the sea
the dolphins leap round Dionysos' ship
whose masts have purple vines,
and up they come with the purple dark of rainbows
and flip! they go! with the nose-dive of sheer delight;
and the sea is making love to Dionysos
in the bouncing of these small and happy whales.

ILS DISENT QUE LA MER EST SANS AMOUR

Ils disent que la mer est sans amour, que dans la mer l'amour ne peut vivre, mais seulement les éclats nus de sel de la vie sans amour.

Mais de la mer
les dauphins bondissent autour du bateau de Dionysos
dont les mâts s'ornent de vignes violettes,
et les voilà qui émergent porteurs du violet obscur des arcs-en-ciel
et hop ! ils s'en vont, piquant du nez, suprême délice ;
et la mer fait l'amour avec Dionysos
dans les rebonds joyeux des petites baleines.

ABYSMAL IMMORTALITY

It is not easy to fall out of the hands of the living God :
They are so large, and they cradle so much of a man.
It is a long time before a man can get himself away.
Even through the greatest blasphemies, the hands of the living God
still continue to cradle him.

And still through knowledge and will, he can break away,
man can break away, and fall from the hands of God
into himself alone, down the godless plunge of the abyss,
a god-lost creature turning upon himself
in the long, long fall, revolving upon himself
in the endless writhe of the last, the last self-knowledge
which he can never reach till he touch the bottom of the abyss
which he can never touch, for the abyss is bottomless.

And there is nothing else, throughout time and eternity
but the abyss, which is bottomless,
and the fall to extinction, which can never come,
for the abyss is bottomless,
and the turning down plunge of writhing of self-knowledge, self-
analysis
which goes further and further, and yet never finds an end

L'IMMORTALITÉ ABYSSALE

Ce n'est pas facile de tomber des mains du Dieu vivant.
Elles sont si grandes et elles bercent si bien l'homme.
Il faut longtemps pour qu'un homme se libère.
Et même s'il blasphème les mains de Dieu continuent de le bercer.

Pourtant par le savoir et la volonté il peut se détacher,
l'homme peut se détacher et tomber des mains de Dieu
en lui-même, vers les profondeurs sans Dieu de l'abîme,
une créature sans Dieu tournant sur elle-même
dans la longue longue chute, tournoyant sur elle-même
dans la contorsion sans fin de l'ultime connaissance de soi
qu'elle ne pourra atteindre qu'en touchant le fond de l'abîme
impossible à toucher, puisque l'abîme est sans fond.

Et il n'y a rien d'autre à travers le temps et l'éternité
que l'abîme sans fond,
et la chute vers l'anéantissement, qui ne peut advenir
car l'abîme est sans fond,
et le plongeon tournoyant de la connaissance de soi, de l'analyse de soi
qui va de plus en plus profond, mais ne peut trouver une fin

for there is no end,
it is the abyss of the immortality
of those that have fallen from God.

car il n'y a pas de fin,
c'est l'abîme de l'immortalité
de ceux qui sont tombés de Dieu.

ONLY MAN

Only man can fall from God
Only man.

No animal, no beast nor creeping thing
no cobra nor hyaena nor scorpion nor hideous white ant
can slip entirely through the fingers of the hands of god
into the abyss of self-knowledge,
knowledge of the self-apart-from-god.

For the knowledge of the self-apart-from-God
is an abyss down which the soul can slip
writhing and twisting in all the revolutions
of the unfinished plunge
of self-awareness, now apart from God, falling
fathomless, fathomless, self-consciousness wriggling
writhing deeper and deeper in all the minutiae of self-knowledge,
downwards, exhaustive,
yet never, never coming to the bottom, for there is no bottom;
zigzagging down like the fizzle from a finished rocket

SEULEMENT L'HOMME

Seulement l'homme peut tomber de Dieu
Seulement l'homme.

Aucun animal, aucune bête ni chose rampante
aucun cobra, ou hyène, ou scorpion ou hideuse fourmi blanche
ne peut glisser des mains de dieu
dans le gouffre de la connaissance de soi,
connaissance de soi-séparé-de-dieu.

Car la connaissance de soi-séparé-de-Dieu
est un gouffre où l'âme peut tomber
se tortillant et se distordant dans les cercles
du plongeon sans fin
de la connaissance de soi, maintenant séparée de Dieu, tombant
sans fond, sans fond, conscience de soi se débattant,
se lovant de plus en plus profondément dans tous les replis, dans toutes les vétilles de la connaissance de soi, descendant toujours,
sans jamais pouvoir atteindre le fond, car il n'y a pas de fond ;
zigzaguant vers le bas comme le sifflement d'une fusée morte,

the frizzling falling fire that cannot go out, dropping wearily,
neither can it reach the depth
for the depth is bottomless,
so it wriggles its way even further down, further down
at last in sheer horror of not being able to leave off
knowing itself, knowing itself apart from God, falling.

la chute du feu grésillant qui ne peut prendre et tombe lourdement,
sans non plus atteindre les profondeurs
car la profondeur est sans fond,
alors elle se creuse un passage plus bas encore,
dans la pure horreur de n'être pas même capable de renoncer
à se connaître, se connaître séparé de Dieu et tombant.

LORD'S PRAYER

For thine is the kingdom
the power, and the glory.

Hallowed be thy name, then
Thou who art nameless—

Give me, Oh give me
besides my daily bread
my kingdom, my power, and my glory.

All things that turn to thee
have their kingdom, their power, and their glory.

Like the kingdom of the nightingale at twilight
whose power and glory I have often heard and felt.

Like the kingdom of the fox in the dark
yapping in his power and his glory
which is death to the goose.

Like the power and the glory of the goose in the mist
honking over the lake.

LA PRIÈRE DU SEIGNEUR

Car le royaume est à toi,
la puissance et la gloire.

Béni soit donc ton nom,
Toi qui n'as pas de nom —

Donne-moi, Oh donne-moi,
en plus de mon pain quotidien
mon royaume, ma puissance et ma gloire.

Toutes les choses qui se retournent vers toi
ont leur royaume, leur puissance et leur gloire.

Comme le royaume du rossignol au crépuscule
dont j'ai senti et entendu souvent la puissance et la gloire.

Comme le royaume dans la nuit du renard
jappant à son pouvoir et à sa gloire
qui est la mort pour l'oie.

Comme la puissance et la gloire de l'oie dans la brume
cacardant au-dessus du lac.

And I, a naked man, calling
calling to thee for my mana,
my kingdom, my power, and my glory.

Et moi, un homme nu, criant,
criant vers toi pour ma manne,
mon royaume, ma puissance et ma gloire.

WALK WARILY

Walk warily, walk warily, be careful what you say :
because now the Sunderers are hovering round,
the Dividers are close upon us, dogging our every breath
and watching our every step,
and beating their great wings in our panting faces.

The angels are standing back, the angels of the Kiss.
They wait, they give way now
to the Sunderers, to the swift ones
the ones with the sharp black wings
and the shudder of electric anger
and the drumming of pinions of thunder
and hands like salt
and the sudden dripping down of the knife-edge cleavage of the
lightning
cleaving, cleaving.

Lo, we are in the midst of the sunderers
the cleavers, that cleave us forever apart from one another
and separate heart from heart, and cut away all caresses

MARCHEZ PRUDEMMENT

Marchez prudemment, soyez circonspects, attention à ce que vous dites :
les Séparateurs rôdent, les Diviseurs sont autour de nous,
surveillant notre moindre souffle
et observant nos moindres pas,
agitant leurs grandes ailes sur nos visages haletants.

Les anges s'éloignent, les anges du Baiser.
Ils attendent, ils laissent la voie maintenant
aux Séparateurs, à ceux qui sont rapides
à ceux qui ont de grandes ailes noires acérées
et au frissonnement de la peur électrique
et au tambourinage des pennes de la colère
et aux mains comme du sel
et à la foudroyante averse du couperet sec de l'éclair
tranchant, tranchant.

Ah, nous sommes au milieu des Séparateurs
les Coupeurs qui nous coupent les uns des autres
et séparent les cœurs des cœurs, et tranchent les caresses pour toujours

with the white triumphance of lightning and electric delight,
the Dividers, the Thunderers, the Swift Ones, blind with speed
who put salt in our mouths
and currents of excitement in our limbs
and hotness, and then more crusted brine in our hearts.

It is the day of the Sunderers
and the angels are standing back.

avec la jubilation blanche de l'éclair, de l'extase électrique,
les Diviseurs, les Tonnants, les Rapides, aveuglés de vitesse
qui mettent dans nos bouches du sel
et dans nos membres des courants d'excitation
et de brûlure, et encore plus de croûte de sel dans nos cœurs.

C'est le jour des Séparateurs
et les anges se tiennent à l'écart.

MYSTIC

They call all experience of the senses mystic, *when the experience is considered.*
So an apple becomes mystic *when I taste in it*
the summer and the snows, the wild welter of earth
and the insistence of the sun.

All of which things I can surely taste in a good apple.
Though some apples taste preponderantly of water, wet and sour
and some of too much sun, brackish sweet
like lagoon-water, that has been too much sunned.

If I say I taste these things in an apple, I am called mystic, *which means a liar.*
The only way to eat an apple is to hog it down like a pig
and taste nothing
that is real.

MYSTIQUE

Ils appellent *mystique* toute expérience sensible quand elle est réfléchie.
Ainsi une pomme devient *mystique* quand j'y goûte
l'été et les neiges, le sauvage désordre de la terre
et l'insistance du soleil.

Autant de choses que je puis sans faute goûter dans une bonne pomme.
Bien que certaines pommes aient surtout un goût d'eau, humides et acides
et d'autres le goût de trop de soleil, douceur croupie
d'une eau de lagune recuite au soleil.

Si je dis que je goûte ces choses dans une pomme, on me dit *mystique* et cela signifie menteur.
La seule façon de manger une pomme, c'est de la bouffer comme un cochon
et de ne rien goûter
de ce qui est *réel*.

But if I eat an apple, I like to eat it with all my senses awake.
Hogging it down like a pig I call the feeding of corpses.

Mais si je mange une pomme, j'aime la manger avec tous mes sens éveillés.

La bouffer comme un cochon, j'appelle ça nourrir les cadavres.

SLEEP AND WAKING

In sleep I am not, I am gone
I am given up.
And nothing in the world is lovelier than sleep,
dark, dreamless sleep, in deep oblivion!
Nothing in life is quite so good as this.

Yet there is waking from the soundest sleep,
waking, and waking new.

Did you sleep well?
Ah yes, the sleep of God!
The world is created afresh.

SOMMEIL ET RÉVEIL

Dans le sommeil je ne suis pas, je suis parti
je suis abandonné.
Et rien au monde n'est mieux que le sommeil
sommeil sombre et sans rêves, dans un oubli profond !
Rien dans la vie n'est aussi bon.

Pourtant il y a réveil du sommeil le plus profond,
réveil et renouveau.

As-tu bien dormi ?
Ah oui, du sommeil de Dieu !
Le monde est fraîchement créé.

FATIGUE

My soul has had a long, hard day
she is tired,
she is seeking her oblivion.

O, and in the world
there is no place for the soul to find her oblivion
the after darkness of her peace,
for man has killed the silence of the earth
and ravished all the peaceful oblivious places
where the angels used to alight.

FATIGUE

Mon âme a eu une longue et dure journée
elle est épuisée,
elle cherche l'oubli.

Ô dans le monde
il n'y a pas de place pour l'âme qui cherche l'oubli
l'obscurité complète de la paix,
car l'homme a tué le silence de la terre
et ravi tous les lieux de paix et d'oubli
où les anges jadis descendaient.

CHRONOLOGIE
1885-1930

1885. Naissance de David Herbert Lawrence le 11 septembre à Eastwood, ville minière du Nottinghamshire, d'un père mineur et d'une mère qui avait été institutrice. Atmosphère familiale rendue pesante par les conflits entre un père buveur, fruste avec des accès de violence, et une mère instruite, aux principes moraux rigides. D'une santé fragile, l'enfant est souvent malade.

1898-1901. Élève (boursier) du lycée de Nottingham.

1901. Quitte l'école pour des raisons financières.
Employé de bureau dans une fabrique de prothèses orthopédiques.
Rencontre Jessie Chambers (elle est la Miriam des premiers poèmes et de *Sons and Lovers*).
Première maladie grave : une pneumonie.

1902-1905. Maître auxiliaire à Eastwood, puis à Ilkeston. Il lit Blake, Carlyle, Dickens et George Eliot.

1906. Premiers poèmes.
Étudiant à Nottingham University College.

1908. Instituteur à Croydon.

1909. Premiers poèmes publiés dans l'*English Review*. Introduit dans les milieux littéraires de Londres, il y rencontre W. B. Yeats et Ezra Pound.

1910. Mort de sa mère au terme d'une longue maladie. Lawrence en est profondément bouleversé.
Écrit ses premiers romans.

1911. Nouvelle pneumonie grave. Publication de son premier roman : *The White Peacock*.
Abandonne l'enseignement.

1912. Rencontre Frieda Weekley von Richthofen et part avec elle en Allemagne et en Italie. Il achève *Sons and Lovers* et publie *The Trespasser.*

1913. Rentre en Angleterre et rencontre Middleton Murry et Katherine Mansfield. Repart pour le continent.

1914. Épouse Frieda à Londres. La guerre les empêche de retourner en Italie. Son pacifisme l'isole.

1915. Rencontre Aldous Huxley et Bertrand Russell. *The Rainbow* est déclaré obscène ; la police saisit le livre.
Publication d'un recueil de poèmes intitulé *Amores* ; un essai important, *The Crown.*

1917. *Look ! We Have Come Through !*, poèmes.
Est expulsé de Zennor en Cornouailles.
The Reality of Peace, essai.

1918. Publication de *New Poems.*

1919. Retour en Italie (Florence).
Recueil de poèmes intitulé *Bay.*

1920. *Women in Love*, publié aux États-Unis.
Séjour de deux ans à Taormina, en Sicile.
Voyage en Sardaigne.

1922. Voyage à Ceylan. Retour par Sydney, San Francisco et le Nouveau-Mexique.

1923. Publication de *Birds, Beasts and Flowers.*
Découverte du Mexique.

1924. New York, Nouveau-Mexique, Mexique. Lawrence est très malade.

1925. Retour en Angleterre.

1926. De nouveau en Italie.

1927. Visite des tombeaux étrusques.

1928. *Lady Chatterley's Lover* est interdit en Angleterre.

1929. *Pansies* (poèmes) est saisi par la police anglaise.

1930. Meurt à Vence, le 2 mars.

1932. Publication posthume de *More Pansies* et *Last Poems.*

PENSÉES

(PANSIES)

PENSÉES, ENCORE
(MORE PANSIES)

DERNIERS POÈMES
(LAST POEMS)

DERNIÈRES PARUTIONS

155.	Ossip Mandelstam	*Tristia.*
156.	***	*Anthologie de la poésie chinoise classique.*
157.	Paul Éluard	*Une leçon de morale.*
158.	Yves Bonnefoy	*Poèmes.*
159.	Giacomo Leopardi	*Canti.*
160.	Max Jacob	*Derniers poèmes en vers et en prose.*
161.	Edgar Poe	*Poèmes.*
162.	Victor Hugo	*Les Chansons des rues et des bois.*
163.	Émile Verhaeren	*Les Campagnes hallucinées. Les Villes tentaculaires.*
164.	Pierre Mac Orlan	*Poésies documentaires complètes.*
165.	François Malherbe	*Poésies.*
166.	Alain Bosquet	*Sonnets pour une fin de siècle.*
167.	Lorand Gaspar	*Sol absolu.*
168.	***	*Anthologie de la poésie française du XX*e *siècle.*
169.	Victor Hugo	*Les Chants du crépuscule. Les Voix intérieures. Les Rayons et les Ombres.*
170.	Maurice Fombeure	*Les étoiles brûlées.*
171.	Emily Brontë	*Poèmes.*
172.	François Pétrarque	*Canzoniere.*
173.	Louise Labé	*Œuvres poétiques.*
174.	Jules Romains	*La Vie unanime.*

175.	Édouard Glissant	*Le sel noir.*
176.	Jean Cocteau	*Vocabulaire. Plain-Chant.*
177.	Claude Roy	*Sais-tu si nous sommes encore loin de la mer ?*
178.	Marceline Desbordes-Valmore	*Poésies.*
179.	Jean Follain	*Usage du temps.*
180.	Marie Noël	*Les Chansons et les Heures.*
181.	Maurice Maeterlinck	*Serres chaudes. Quinze Chansons. La Princesse Maleine.*
182.	Pablo Neruda	*Chant général.*
183.	Maurice de Guérin	*Poésie.*
184.	André Frénaud	*La Sorcière de Rome.*
185.	Federico García Lorca	*Suites. Sonnets de l'amour obscur.*
186.	Maurice Scève	*Délie.*
187.	Georges-Emmanuel Clancier	*Le paysan céleste.*
188.	Victor Hugo	*La Fin de Satan.*
189.	Goethe	*Le Divan.*
190.	Marguerite Yourcenar	*La Couronne et la Lyre.*
191.	***	*Anthologie de la poésie française du* XIX*e siècle*, I.
192.	Paul Claudel	*Art Poétique.*
193.	Philippe Soupault	*Georgia. Épitaphes. Chansons.*
194.	Victor Hugo	*L'Année terrible.*
195.	Nicolas Boileau	*Satires. Épîtres. Art poétique.*
196.	Jorge Luis Borges	*Œuvre poétique, 1925-1965.*
197.	Alain Bosquet	*Poèmes, un.*
198.	Pierre de Ronsard	*Les Quatre Saisons.*
199.	André Frénaud	*La Sainte Face.*
200.	Guillevic	*Du domaine.*
201.	Henri Michaux	*Plume.*
202.	Charles Leconte de Lisle	*Poèmes barbares.*
203.	Victor Segalen	*Odes. Thibet.*
204.	Charles Péguy	*Le Porche du mystère de la deuxième vertu.*
205.	Michel Deguy	*Poèmes II (1970-1980).*
206.	André Salmon	*Carreaux.*
207.	Robert Mallet	*Quand le miroir s'étonne.*
208.	André Gide	*Les Cahiers et les Poésies d'André Walter.*

209.	Rutebeuf	*Poèmes de l'infortune.*
210.	Henri Michaux	*Ailleurs (Voyage en Grande Garabagne. Au pays de la Magie. Ici, Poddema).*
211.	Jean Tardieu	*L'accent grave et l'accent aigu.*
212.	Jean-Paul de Dadelsen	*Jonas.*
213.	Clément Marot	*L'Adolescence clémentine.*
214.	Fernando Pessoa	*Le Gardeur de troupeaux* et les autres poèmes d'Alberto Caeiro avec *Poésies d'Alvaro de Campos.*
215.	Georges Ribemont-Dessaignes	*Ecce Homo.*
216.	***	*Anthologie de la poésie française du XVIIe siècle.*
217.	Henri Michaux	*La nuit remue.*
218.	Virgile	*Géorgiques.*
219.	Jules Supervielle	*La Fable du monde. Oublieuse mémoire.*
220.	André Frénaud	*Les Rois mages.*
221.	Jacques Réda	*Amen. Récitatif. La tourne.*
222.	Daniel Boulanger	*Retouches.*
223.	Alain Bosquet	*Un jour après la vie.*
224.	Henri Michaux	*Connaissance par les gouffres.*
225.	Boris Pasternak	*Ma sœur la vie* et autres poèmes.
226.	Georges Perros	*Une vie ordinaire.*
227.	Jacques Roubaud	*ε.*
228.	Henri Michaux	*Épreuves, exorcismes.*
229.	Georges Séféris	*Poèmes,* suivi de *Trois poèmes secrets.*
230.	Pierre Reverdy	*Plupart du temps.*
231.	***	*Chansonnier révolutionnaire.*
232.	***	*Anthologie de la poésie lyrique française des XIIe et XIIIe siècles.*
233.	Daniel Boulanger	*Tchadiennes.*
234.	René Char	*Éloge d'une Soupçonnée.*
235.	Henri Michaux	*La vie dans les plis.*
236.	Robert Sabatier	*Les châteaux de millions d'années.*
237.	Norge	*Poésies 1923-1988.*
238.	Octavio Paz	*Le feu de chaque jour.*

239. Claude Roy — *À la lisière du temps.*
240. Edmond Jabès — *Le Seuil Le Sable.*
241. Pierre Louÿs — *Les Chansons de Bilitis.*
242. Miguel Angel Asturias — *Poèmes indiens.*
243. Georg Trakl — *Crépuscule et déclin.*
244. Henri Michaux — *Misérable miracle.*
245. Eugène Guillevic — *Étier* suivi de *Autres.*
246. Adonis — *Mémoire du vent.*
247. Max Jacob — *Poèmes de Morven le Gaëlique.*
248. Dylan Thomas — *Vision et Prière.*
249. *** — *Chansons françaises de la Renaissance.*
250. Eugenio Montale — *Poèmes choisis (1916-1980).*
251. Herman Melville — *Poèmes de guerre.*
252. André du Bouchet — *Dans la chaleur vacante.*
253. Gaspara Stampa — *Poèmes.*
254. Daniel Boulanger — *Intailles.*
255. Martial — *Épigrammes.*
256. Michel-Ange — *Poèmes.*
257. John Donne — *Poèmes.*
258. Henri Michaux — *Face aux verrous.*
259. William Faulkner — *Le Faune de marbre. Un rameau vert.*
260. Walt Whitman — *Poèmes.*
261. Stéphane Mallarmé — *Poésies.*
262. Yves Bonnefoy — *Rue Traversière.*
263. *** — *Anthologie de la poésie française du* XIXe *siècle,* II.
264. Hugo von Hofmannsthal — *Lettre de Lord Chandos.*
265. Paul Valéry — *Ego scriptor.*
266. Goethe — *Élégie de Marienbad.*
267. Lorand Gaspar — *Égée. Judée.*
268. Jacques Réda — *Les Ruines de Paris.*
269. Jude Stéfan — *À la Vieille Parque.*
270. Rainer Maria Rilke — *Lettres à un jeune poète.*
271. Pierre Torreilles — *Denudare.*
272. Friedrich Hölderlin — *Odes. Élégies. Hymnes.*
273. W.B. Yeats — *Quarante-cinq poèmes.*
274. Bernard Noël — *La Chute des temps.*
275. *** — *Anthologie de la poésie russe.*
276. André Chénier — *Poésies.*
277. Philippe Jaccottet — *À la lumière d'hiver.*

278.	Daniel Boulanger	*Hôtel de l'image.*
279.	Charles Leconte de Lisle	*Poèmes antiques.*
280.	Alexandre Pouchkine	*Poésies.*
281.	Elizabeth Browning	*Sonnets portugais.*
282.	Henri Michaux	*L'infini turbulent.*
283.	Rainer Maria Rilke	*Élégies de Duino. Sonnets à Orphée.*
284.	Maurice Blanchard	*Les Barricades mystérieuses.*
285.	Omar Khayam	*Rubayat.*
286.	Agrippa d'Aubigné	*Les Tragiques.*
287.	Jean Cassou	*Trente-trois sonnets composés au secret.*
288.	***	*La planche de vivre.*
289.	Pierre Jean Jouve	*Dans les années profondes.*
290.	John Milton	*Le Paradis perdu.*
291.	Pablo Neruda	*La Centaine d'amour.*
292.	Yves Bonnefoy	*Ce qui fut sans lumière.*
293.	Pier Paolo Pasolini	*Poèmes de jeunesse et quelques autres.*
294.	Jacques Audiberti	*Ange aux entrailles.*
295.	Henri Pichette	*Apoèmes.*
296.	Stéphane Mallarmé	*Vers de circonstance.*
297.	John Keats	*Poèmes et poésies.*
298.	Paul Claudel	*Cent phrases pour éventails.*
299.	Louis Calaferte	*Rag-time.*
300.	André Breton	*Poisson soluble.*

Ce volume,
le trois cent unième
de la collection Poésie,
a été composé par Interligne et
achevé d'imprimer par
l'imprimerie Bussière à Saint-Amand (Cher),
le 15 mai 1996.
Dépôt légal : juin 1996.
Numéro d'imprimeur : 1055.
ISBN 2-07-032936-4./Imprimé en France.

76298